JN204650

知識ゼロからの

賢い家の選び方

幻冬舎

はじめに

家を買うというイベントは、人生において最大でありかつ夢にあふれた瞬間です。しかし、そうであるがゆえに大事なことに気づかず購入してしまう方がたくさんいます。さて、大事なこととは何でしょうか？

家という買い物は、確かに大きなイベントです。が、少し視野を広げて考えると、一生においてはほんの一瞬の出来事でしかありません。大事なこととは、「人生は、家を買ってからのほうが長い」ということです。

欧米に比べると、日本は家の買い替えの頻度が低い国です。購入した家に一生住む方も多くいらっしゃいます。つまり、「買うは一瞬、住むは一生」なのです。

ところが、家の買い方に関する書籍も、また不動産会社の営業担当者も、買う方法については説明してくれますが、買った後のことについては説明してくれません。

本書は、買い方に関する知識はもちろん、購入後に必要な知識についても網羅しました。よい物件を購入するのはもちろん、購入後は大切に手入れし、物件の価値を維持・向上させていきましょう。

本書が、これから家を買おうとしている方々の一助となれば、これ以上の喜びはありません。

高橋正典

売る・住み替えるのが当たり前になる！

これからの 賢い家の買い方

かつては多くの人が「マイホームは一生のすみか」というイメージをもっていました。近年はライフスタイルの変化に合わせて住まいも替えるなど、柔軟な対応が必須に。新しい視点での家選びが求められています。

かつて誰もが憧れた「郊外庭付き一戸建て」。高齢化で問題が出てきた

多くのマイホーム購入例

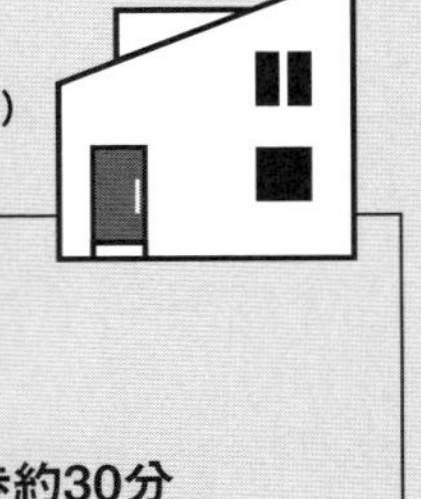

Aさん（40歳・会社員）
家族 妻（38歳）、長男（9歳）、次男（6歳）

〈マイホームDATA〉

間取り：4LDK、2階建て、東向き
価　格：3,700万円
ローン：35年
立　地：高台の住宅地、駅から徒歩約30分（もしくはバスで約10分）

高台の家に住みたいという夢があり、東京郊外に希望の物件を見つけて購入。徒歩5分の場所にバス停があり、バスは15分に1本程度。自家用車を所有している。最近、新居の向かいの家が取り壊され、アパートの建設計画がある。Aさんは九州出身で、両親は実家で健在。

「マイホーム」というと、どんなイメージがありますか？

うーん。やっぱり庭付きの新築一戸建てかなぁ。実家の親もそう言っているし。

ご両親の世代なら、そのイメージだったかもしれません。

ただ近年は、高度経済成長期と違って景気も悪く、住宅にかけられるお金が減っています。また、ライフスタイルも多様化し、住宅への考え方や選択肢も広がっています。

この本に出てくる人

不動産のスペシャリスト
高橋正典先生
家の売買ならおまかせ。新築・中古、一戸建て・マンションとさまざまなケースに合わせて、的確な助言をする。

マイホーム購入を検討中
佐藤ファミリー
会社員の夫（35歳）、妻（33歳）、子ども（1歳）。現在は賃貸住まい。漠然とマイホームの購入を考え始めた。

将来、こんなことが起きたらどうする？

- 子どもが独立して、部屋が余る
- 空き家が増加している地域で、バスの本数が減少
- 近所の大型スーパーが閉店する
- 実家（九州）の両親の介護
- 足腰が弱り、坂道を歩くのが辛くなる
- 自家用車を運転できなくなる
- 目の前の空き地に、高層マンションが建つ
- 周辺に空き家が多くなり、治安が悪化する

一生この家に住み続ける → 家や車のメンテナンス、自分の健康管理が万全なら問題ないが……
何が起こるかわからない

売却して住み替えたい → 立地やメンテナンス状況によっては、将来いざ売ろうと思っても
売れない！

たしかに。同僚にはマンションを買う人も多いし、古い家をリノベーションして住んでいる人もいます。

そうでしょう。さらに、今までのマイホームの常識が、高齢化によって問題となっています。高齢になると、体調の変化、家の維持管理の難しさ、交通の不便さなどさまざまな要因で、今の自宅には住みづらくなることがあります。

平均寿命も延びた今、同じ家に一生住み続けるのは難しい時代になりました。**ライフステージの変化とともに住み替える（＝住宅を売り買いする）**という視点が大切です。

このような背景から、既存の中古住宅の流通を見直そうという動きもあるんですよ。

空き家問題、少子高齢化、住宅関連の法改正で中古住宅市場が活性化

トレンド1

過去の過剰な供給で、中古物件が増えている

新築住宅の着工数

（万件）

■ 注文建築　■ 分譲住宅

80 / 60 / 40 / 20 / 0

H14　H16　H18　H20　H22　H24　H26　H28

※賃貸は除く。

持ち家需要はゆるやかに減少

戦後、住宅不足の解消のために住宅が量産された。高度経済成長期には質の良い新築住宅の需要が増え、住宅のストックも増加。その後、人口減と景気の悪化により、新築住宅の着工数も長期的に見て減少傾向に。

空き家率の変化

（万戸）　（%）

■ 総住宅数　■ 空き家数　●―● 空き家率

7000 / 6000 / 5000 / 4000 / 3000 / 2000 / 1000 / 0

14 / 12 / 10 / 8 / 6 / 4 / 2 / 0

S38　S43　S48　S53　S58　S63　H5　H10　H15　H20　H25

出典 :「平成25年住宅・土地統計調査」（総務省）

空き家率が過去最高に

高度経済成長期に増えた住宅の持ち主が、介護施設に入居したり、亡くなる時期に来ている。そのため、空き家の数が過去最高の13.5%にまで上昇している（別荘などの二次的空き家を除くと12.8%）。

中古住宅市場を活性化しようとする背景の一つには、住宅事情の変化があります。

戦後の住宅不足と高度経済成長の時代を経て、一気に住宅の戸数が増加しました。

しかしその後、人口減少と景気の悪化で需要は減少。新築の着工数は減りました（上図）。

なるほど。**既存住宅が余っている状態**なんですね。

さらに高齢化も大きく影響しています。

特に、高度経済成長期に郊外の一戸建てを購入した多くの人たちが、高齢になって介護施設に入居したり、亡くなったりして空き家になるケースが増えています（上図）。

空き家は治安の悪化など

トレンド2

住宅関連の法改正が進み、中古物件が買いやすく&売りやすくなっている

中古住宅の悪いイメージは新制度で払拭された

耐震構造・欠陥住宅かどうか確かめられず	家の管理状態、どんな修繕が必要なのか	長年、他人が住んできた家なので
不安	**見えない**	**汚い**

中古物件の流通を活性化させるための国の施策

「建物状況調査」の実施の有無などの説明が義務化された

建物の劣化や不具合の状況などを調査する建物状況調査（インスペクション）が行われている物件かどうかを、購入時に買主へ説明することなどが、改正宅建業法により2018年4月から義務づけられた。中古住宅購入時の消費者の知る権利が拡大。

「いえかるて」（住宅履歴情報）の管理機構が整備されている

建築時の図面、リフォームや修繕の内容などを記録した「いえかるて（住宅履歴情報）」を保存・管理するしくみが整備されている。家を効率的に維持して住宅の価値を長持ちさせ、管理の不透明さを解消する。家の状態が明らかになるので、売買しやすくなる。

「安心R住宅」という中古住宅の基準ができた

「R」とは「Reuse、Reform、Renovation」の頭文字。建物状況調査（インスペクション）の結果、既存住宅売買瑕疵保険の検査基準に適合し、リフォームの情報提供を行うことなどを要件とし、安心して買える既存住宅の基準を国土交通省が定めたもの。

につながるんですよ。国はこれらの問題を解決するために、中古住宅市場を活性化する施策を打ち出しています（上図）。

そういえば、最近中古マンションを購入した友人は、立地の良い物件が安く手に入ったって喜んでいたわ。

そうなんです。中古の優良物件が新築よりも安く手に入るという利点があるんです。

中古住宅が買いやすく、売りやすくなってきている。ライフステージや経済状況などに応じて、**家を売買したり、住み替える**ことが、これからのスタンダードになります。

CHECK! 第1章 家を買おうと思ったら ▼P17

これからは、いざというとき【売れる】【貸せる】で家を選ぶ

モデルケース❶ 新築一戸建て

「長く住めるように、維持管理を重視した」

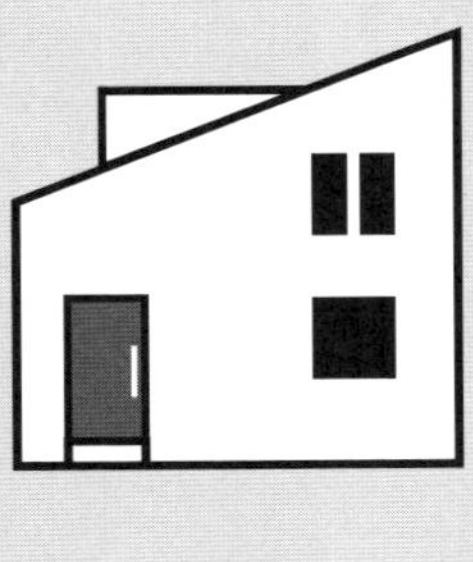

Bさん（40歳・会社員）

家族 **妻**（37歳）、**長女**（6歳）、**長男**（3歳）

〈マイホームDATA〉

間取り：4LDK、2階建て、南向き
価　格：4,280万円
ローン：35年
立　地：郊外の住宅地、駅から徒歩約20分（もしくはバスで約10分）

都心に通勤するBさん。郊外だが1時間弱で通勤できる。駅から少し距離があるが、閑静な住宅街で緑が多い環境が気に入り購入。転勤がない職種であることと、夫婦ともに地元に兄弟がいるため、定住を希望し、長く住めるように修繕計画を立てている。

Point
日当たりと風通しにこだわった
南向きで日当たり良好。風通しがよく、結露やカビの心配が少ない。管理しやすく建物が傷みにくいのが利点。

Point
修繕・情報管理計画を立てた
一戸建ては修繕・管理を所有者が行う。最初から修繕計画を立て、また住宅履歴情報をハウスメーカーを通じて管理することにした。

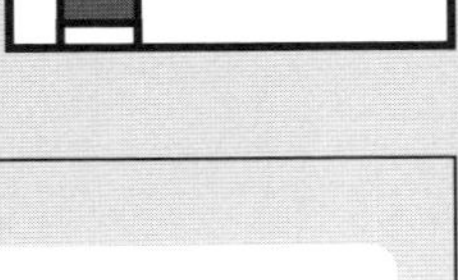

これからは、「売る」「貸す」を念頭に置いた住宅の選び方が求められています。

新築マイホームで舞い上がっているときに、売るときのことなんて考えられないよ。

そうですよね。それが普通だし、今までの家の買い方でした。だからこそ、これからは**「売る」「貸す」という視点**が重要なんです！

CHECK! 第2章 不動産の基本&営業担当者との付き合い方 ▼P45

見落とされがちですが、新築物件でも購入した瞬間に「中古物件」です。

一生その家に住む場合は問題ありませんが、いざ売ろうと思

モデルケース❷ 新築マンション

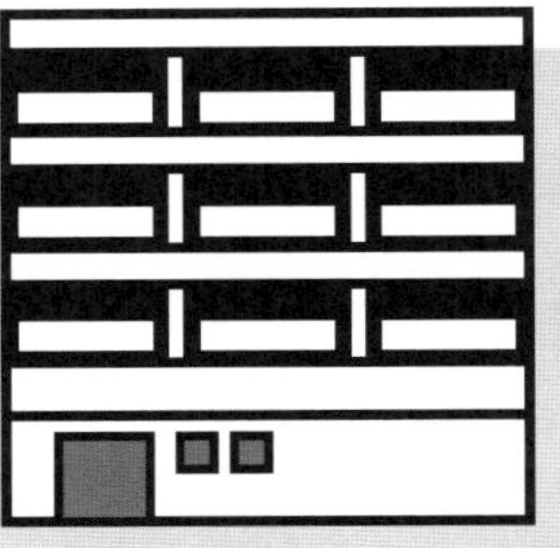

「立地・ブランドにこだわり、人気の物件に決めた」

Cさん（38歳・会社員）
家族 **妻**（34歳）、**長男**（3歳）

〈マイホームDATA〉

間取り：3LDK、南東向き
価　格：3,980万円
ローン：35年
立　地：郊外の住宅地、駅から徒歩約8分

将来、一戸建てへ買い替えることも想定して、価値が下がりにくいと評判の人気ブランドのマンションシリーズを検討。購入時は、隣のマンションの同一階から眺望を確認したり、同じくらいの広さの知人宅を訪問したりして、実物に近いもので確認した。

Point
人気ブランドのマンションを選択
大手デベロッパーなどが手掛けるマンションシリーズは、人気なので価値が下がりにくいものがある。また、管理が行き届いているので暮らしやすい。

Point
間取り・眺望は実物を目で確認
新築マンションはモデルルームだけで判断せざるを得ないことも。購入する部屋とできるだけ近い条件の眺望、内観の部屋を実際に見て、イメージの相違をなくす。

ったら、どんなにきれいで素敵な家でも否応なく価値が下がる場合がほとんどです。よほど立地や建物の状態がよくない限り、売るときに買い手がつかなくて困るということもあります。**中古住宅市場を見据えてこそ、いい新築住宅が買える**と心得ましょう。

なるほど。だから新築物件を買うときも、中古市場を知っておく必要があるのね。

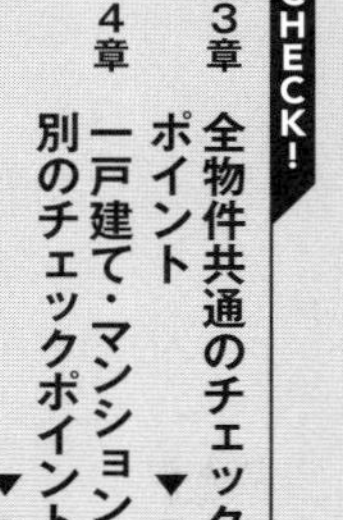

そうです。**できるだけ価値が下がりにくい物件**が望ましいです。

CHECK!
第3章 全物件共通のチェックポイント ▼P63
第4章 一戸建て・マンション別のチェックポイント ▼P105

「安価な一戸建てを購入し、自分好みにリフォームした」

Dさん（33歳・会社員）

家族 **妻**（32歳）、**長男**（5歳）、**次男**（2歳）

〈マイホームDATA〉

間取り：4LDK、南向き
築年数：17年
価　格：3,380万円
（＋リフォーム費用400万円）
ローン：35年
立　地：住宅地、駅から徒歩約13分

Dさん夫妻は土地を購入して注文建築を希望していたが、共働きで忙しく、建築家との打ち合わせに時間を割けなかった。そのため、立地や周辺環境のよい築17年の中古住宅を安価で購入。趣味に合わせたリフォームを行い、当初考えていたような家に近づけた。

Point

物件価格を抑え、リフォーム費用に

土地＋注文建築から、中古住宅に切り替えたため、予算よりも安く物件を購入できた。その分、リフォーム費用にまわすことができた。

Point

リフォームで夢実現。満足度の高い仕上がりに

注文建築に近い自由度でリフォームができた。趣味である読書のためのスペースや、つくりつけの本棚を設け、夫妻の夢が実現。

初めてのマイホームで中古住宅を購入するケースが増えています。立地がよい場所には中古物件も多く、また新築よりも安価で購入できるからです。購入費用が抑えられる分、リフォームに費用をかけて、注文住宅のように自分好みのマイホームを実現することも可能です。

立地のよい場所に、自分好みのマイホーム……魅力的ね。

中古住宅の価値を保証するような制度もできてきているので安心できます（P5）。安全性がわかる上に、どこを重点的にリフォームするべきかが見えてくるので、無駄のないリフォーム計画を立てることができます。

モデルケース❹　中古マンション

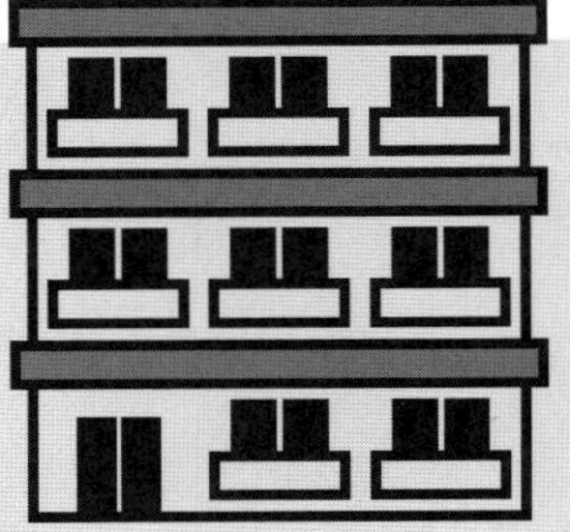

「売却・賃貸可能なように、アクセスを重視」

Eさん（42歳・会社員）
家族　**妻**（37歳）、**長男**（3歳）

〈マイホームDATA〉

間取り：2LDK、南向き
築年数：22年
価　格：2,800万円
（＋リフォーム費用300万円）
ローン：25年
立　地：都心にほど近い住宅街、駅から徒歩約5分

Point
再開発で人気のエリアを選択
下町だが再開発で整備され、おしゃれな店や住宅が建ち並ぶエリアを選択。都心の中心部へも電車で15分以内でアクセス可能。

Eさん夫妻は2人とも都市部の出身。ゆくゆくはEさんの実家に戻る計画。その際に売却や賃貸ができるように、立地を重視して物件を探した。実物を見て購入できるメリットに惹かれ、中古マンションにしぼって検討。購入時にリフォーム計画も一緒に立てた。

Point
老後の資金形成も視野に入れている
オフィス街へのアクセスが良い上に、閑静で住みやすい。ゆくゆくは賃貸に出すか、売却して収入を得られるようにと考えている。

なるほど。これこそ、賢い家の買い方といえますね。

老後の暮らしを考える上でもメリットがいっぱい。中古住宅の購入でローンの借入額を抑えれば、老後の生活資金の不安も減ります。さらに将来、賃貸に出して収入を得られれば、老後の生活の助けになります。

ライフイベントに合わせて柔軟に動けるよう、将来の選択肢を狭めない家の買い方をすることが大切なんです。

CHECK!
第5章　ローン&契約　▼P127

家の購入までの流れ

情報収集はじっくり。物件探しは短期集中

理想的

＼情報収集は、じっくり／

1～2カ月

目的・予算などの整理

やること

家を買う目的や条件を明確に

家を買う目的と予算が明確なら、何を基準に家を選ぶべきか、どんな予定で動いたらよいかを考えることができます。

- □ **家を買う目的を考える**
- □ **家選びの優先事項を整理する**
- □ **ライフプランの見通しを立てる**
- □ **購入後のリスクを洗い出す**
- □ **情報収集の手段・相談先を知る**
- □ **夫婦とも、親との将来に向き合う**

ほか

CHECK!
第1章　家を買おうと思ったら ▶ P17

周辺環境のチェック

やること

安心・安全なエリアを検討する

家族の安全のため、また将来、売却する可能性を考えても、価値が高い立地を選びたいもの。見るべき点を押さえましょう。

- □ **よい不動産会社・営業担当者を見極め、希望エリアを伝える**
- □ **気になるエリアを実際に歩いてみる**
- □ **地盤・耐震・工法などのポイントを知る**
- □ **子どもの教育、親との同居に適した環境についても考える**

ほか

CHECK!
第2章　不動産の基本&営業担当者との付き合い方 ▶ P45
第3章　全物件共通のチェックポイント ▶ P63

3～4カ月が

＼物件探しは短期集中／

3週間～1カ月

物件見学

やること

価値が下がりにくい物件を見極める

候補の物件を見学する際は、一戸建て、マンション別の特徴をふまえて、暮らしやすさと、普遍的な価値があるかを確認。

- □ 間取りの使い勝手をチェックする
- □ モデルルームや実物で部屋の広さや眺望を確かめる
- □ 一戸建ては土地の将来性を見極める
- □ マンションは管理状況を管理人に聞く
- □ 耐震や省エネなどのことも考える

ほか

CHECK!
第4章　一戸建て・マンション別のチェックポイント ▶ P105

ローンを組む、売買契約

やること

無理のない支払い体制を整える

いつ、何のために、いくら借りていくら支払うのか、全体像とタイミングを知り、資金繰りの体制を整えましょう。

- □ 購入時の諸費用を確認する
- □ ローンの返済額を概算する
- □ 金利や税金を調べる
- □ 契約書を確認する
- □ 瑕疵担保保険などで、長期の居住に備える
- □ 賃貸に出した場合の試算をしておく

ほか

CHECK!
第5章　ローン&契約 ▶ P127

1カ月

引渡し&引越し

『知識ゼロからの賢い家の選び方』目次

第2章 業界のしくみを知り、信頼できる担当者を見つける

第3章 環境・利便性・安全性で物件をチェックする

第4章 一戸建ては土地の良し悪し、マンションは管理状況が決め手になる

第5章 不利な条件がないかを確認し、契約手続きを行う

第1章

購入目的をはっきりさせると、買うべき家が見えてくる

家は幸せを実現する手段。まず、目的をはっきりさせることが大事

購入を目的にすると危険！

× 購入が目的

夢のマイホームがほしい！

新築で

最新式のお風呂で

きれいで

吹き抜けっておしゃれ

一戸建てで

マンションも迷うなぁ

かっこいい外観で

家の購入自体が目的になっていると、家の性能に目がいきがちに。それが必要か否か判断できない。

○ 子育てが目的

子どもをいい環境で育てたい

- □ 緑豊かな広い公園がある
- □ 評判のよい学校が近くにある
- □ 病院や公共施設が近い
- □ のびのびさせたいので一戸建てを希望
- □ 子どもは2人。3LDK以上ほしい

家を買う目的が明確なので、おのずと家選びの基準も定まり、希望の物件を検討できる。

おしゃれなリビングでホームパーティするのが夢なんです。

マイホームを持つのが夢というのはじつは間違いのもとです。**家はゴールではなく、幸せに向かうための手段。**

何のために家を買うのかを考えて。目的がはっきりすれば、最適な家も見えてきます。

それならまずは子育てです。子どもにいい環境が第一条件だ。

評判のいい学校、交通量、公園や児童館も要チェックですね。

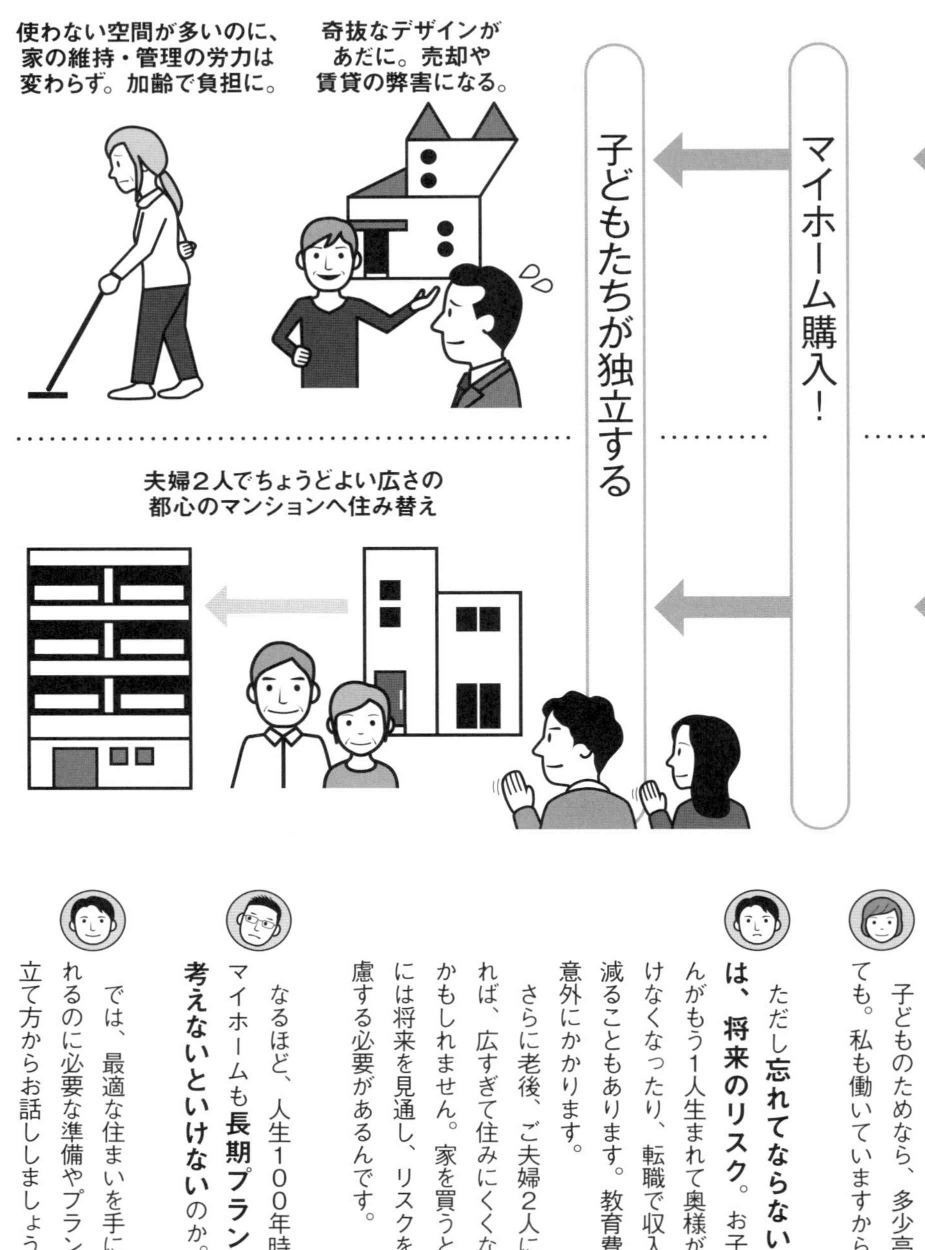

子どものためなら、多少高くても。私も働いていますから。

ただし**忘れてならないのは、将来のリスク。**お子さんがもう1人生まれて奥様が働けなくなったり、転職で収入が減ることもあります。教育費も意外にかかります。

さらに老後、ご夫婦2人になれば、広すぎて住みにくくなるかもしれません。家を買うときには将来を見通し、リスクを考慮する必要があるんです。

なるほど、人生100年時代、マイホームも**長期プランで考えないといけない**のか。

では、最適な住まいを手に入れるのに必要な準備やプランの立て方からお話ししましょう。

プランを立てる

購入の
動機

「なぜ家を買うのか？」を考えると、買うべき家の姿が見えてくる

家を買うとき、ほとんどの人は不動産会社を訪ねます。担当者は「どんな家をどのくらいの予算で」買うのか、という話から始めるでしょう。

じつは、本当に大切なのは「なぜ」家を買うのかということ。家を買う目的は1人ひとり異なり、目的次第で買うべき家も異なります。「なぜ」を明確にすることで、あなたが買うべき家の姿も見えてくるはずです。それを考えるのは、不動産会社ではなく、購入するあなた自身です。

「家を買いたい」と相談に出かける前に、まず「なぜ」家を買うのか、整理することから始めましょう。

購入する家の方針を決めるには

❶ まずはまっさらな状態で、自分の希望や家族の状況をたな卸しします。

▶ P21 ～23

❷ 購入に向けた心がまえや住宅市場を取り巻く環境を知りましょう。

▶ P24 ～41

❸ 物件を検討するために必要な情報をまとめてみましょう。

▶ P42 ～43

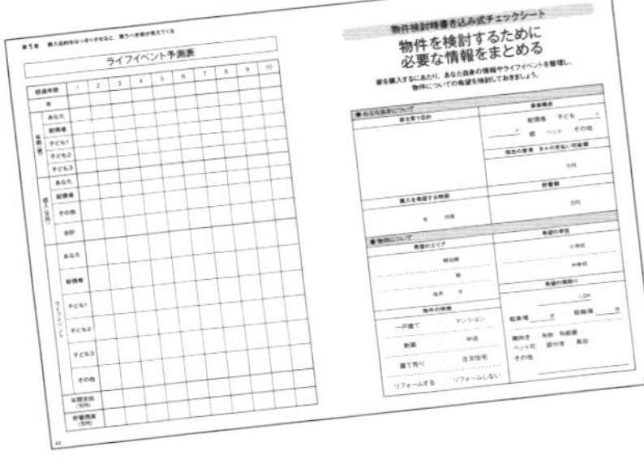

家を買う前に整理したいポイント

Q1 なぜ家を買いたいのですか？

□①マイホームを持つことが夢だったから
□②友人や同僚が家を買い、そろそろかなと思って
□③家族が増えて、今の家が手狭になったから
□④賃貸よりも自由度が高い暮らしがしたいから
□⑤家賃を払うよりも、購入したほうが得だと思うから
□その他

▼

本当に家を買いたいのか
見つめ直そう

「なぜ家を買いたい」のかをふり返る。漠然とした気持ちや衝動だけでは、家を選ぶ基準が定まらず、購入に向けて動き始めても時間ばかりかかり、いい物件を見つけられなかったり、不向きな物件を購入してしまったり。

①、②にチェックがついた人
漠然としたイメージや、周囲の影響で家を買いたくなっただけではありませんか？

③、④にチェックがついた人
家の購入の検討に適した状況でしょう。物件選びと資金計画をぬかりなく。

⑤にチェックがついた人
よくよく比較しましたか？　資金計画や売却のプランはできていますか？

Q2 あなたにとって家とは何ですか？

□①安らげる団らんの場所
□②仕事場と生活を兼ねた場所
□③ステータスを表すもの
□④ライフスタイルや個性を表すもの
□⑤老後のための資産
□⑥引き継いでいく財産
□その他

▼

過ごしやすさと資産価値
どちらに重きを置くのかが見える

家にはさまざまな機能や価値がある。買う前に、家にどういう機能や価値を見出しているのか、家の何に重きを置くのかを考える。それによって物件選びの際に、重視するポイントが変わってくる。

①、②にチェックがついた人
過ごしやすさや目的を重視して物件を選びます。

③にチェックがついた人
予算は十分にありますか？　お金のかけ方を十分に検討しましょう。

④にチェックがついた人
売却や相続がしづらくなる可能性も。対策をしっかりしましょう。

⑤にチェックがついた人
金融資産としての価値も大事ですが、住むときの快適性はより重要です。

⑥にチェックがついた人
引き継いだ子や孫が困らないような家にするため、細心の注意が必要です。

Q4 あなた自身や家族の状況は？

- □①あなたやパートナーに、転勤の可能性がある
- □②あなた自身や家族に健康上の心配事がある
- □③子どもが生まれる予定がある
- □④子どもが進学・就職を控えている
- □⑤あなたやパートナーの親の介護の予定がある
- □⑥あなたやパートナーの親が遠くに住んでいる
- □その他

▼

将来の住み替えの可能性が見えてくる

自分自身や、家族の10 ～ 20年後について考える。将来、購入した物件にずっと住み続けるのか、また住み替えを前提にしなければならないのか、見通しを立てられれば、状況に対応できる物件を選ぶことができる。

①、②にチェックがついた人

仕事などの都合で住み替えが必要になる可能性があれば、購入するのか賃貸に住み続けるのか、検討します。購入する場合は売却・賃貸が可能な家であることが必須です。

③、④にチェックがついた人

子どもの人数や進路によって、住み替えが必要になるかもしれません。

⑤、⑥にチェックがついた人

親を呼び寄せて同居するか、親元に戻ることになる可能性があります。未定なら、柔軟に対応できるようにしておくことが大事です。

Q3 家の購入で優先させることは？

- □①あなた・家族の仕事場に近い
- □②あなた・家族の実家に近い
- □③子どもの通学がしやすい
- □④まわりに子どものための施設が多い
- □⑤騒音トラブルを気にせずに済む
- □⑥防犯がしっかりしている
- □⑦閑静な住宅街である
- □⑧自然（海、山など）に近い
- □⑨窓やバルコニーからの景観がよい
- □⑩趣味のための設備が整っている
- □その他

▼

土地や物件選びの軸が見えてくる

どのエリアに、どんな家を求めているのかを整理する。通勤時間、養育環境など優先順位をつけていく。エリアの候補を数箇所にしぼり、一戸建てなのかマンションなのか、また新築なのか中古なのかについても検討する。

①～③にチェックがついた人

通勤・通学の便がよい駅の周辺に、エリアをしぼりましょう。

④～⑥にチェックがついた人

都心にこだわらず、子どもがのびのび過ごせる立地を選びましょう。騒音が気になりにくい一戸建てもよいでしょう。

⑦～⑩にチェックがついた人

条件がよく人気の物件は、中古であることも多い。新築だけでなく中古にも目を向けてみましょう。

Q5 どんな老後を過ごしたいですか？

- □①喧噪から離れ、自然が豊かな場所に住みたい
- □②足腰が弱いので、平屋建てに住みたい
- □③子や孫と大勢で暮らしたい
- □④ゆくゆくはサービス付き高齢者向け住宅などに入りたい
- □⑤買い物や移動に便利なように、駅のそばに住みたい
- □⑥防犯がしっかりしたところに住みたい
- □その他

▼

将来、家をどういかすかが見えてくる

老後について考える。Q4とも重なるが、住み替えを前提とするのか、住み続けたいのか。また住み続ける場合には、バリアフリーにリフォームしやすいか、間取りの可変性があるかなども、物件を見るポイントに加える。

①、②にチェックがついた人

郊外に住み替える場合、初めて買う家は売却しやすい物件であることが必須です。

③、④にチェックがついた人

居住する人の数や構成が変わる可能性があります。間取りの可変性がある物件、または建替え・建増しのしやすい物件が望ましいでしょう。

⑤、⑥にチェックがついた人

心身の負担を少なくするために、駅に近いマンションに住むのが得策。住み替えを視野に入れて、最初の家を買いましょう。

Q6 家を買う上での不安は？

- □①支払いの負担が大きくプレッシャーだ
- □②家族や親が納得するかどうか
- □③条件がそろった物件が見つかるかどうか
- □④理想と現実の差があり、決断できない
- □⑤頭金が用意できていない
- □⑥ローンの審査が通るか、無理なく返せるか
- □その他

▼

家の購入に制約を与える原因が見えてくる

購入計画を立てるときに、ネックになる部分、不安材料などを明らかにし、現段階でどのような対策がとれるかを考える。本やインターネット、知人などから情報を集め、購入時の成功談、失敗談などを参考にするのもおすすめ。

①、②にチェックがついた人

漠然とした不安を払拭するために、情報収集に時間をかけましょう。計画をきちんと立てれば、不安は消えていくはずです。

③、④にチェックがついた人

インターネットなどの情報だけでは実際のところが見えてきません。本書で下調べをしたら、不動産会社に相談してみましょう。

⑤、⑥にチェックがついた人

まずは勤続年数を積み、貯金額を増やしましょう。できるだけ借入額を少なくするように努めます。

比較

家の購入、「どっちがいいの？」の疑問を解消する

人が家に求めるものは、ライフスタイルや人生観によって異なり、家族や仕事の変化にも左右されます。

たとえば、今すぐ買うより、当面は職場や学校の変化に対応できる賃貸のほうが賢明かもしれません。また子育てには一戸建てのほうが好まれますが、夫婦2人なら、駅近のマンションのほうが便利でしょう。

手間のかかる注文住宅を諦めて、建売分譲にする方もいます。近年は、同じ予算で新築より好条件の物件が手に入る中古住宅も、注目の的。選択肢は豊富にあるのです。

迷いがちなポイントを比較し、自分に最適な家を見つけてください。

比較1 買う or 借りる どっちが生涯でお得？

支払いとリスクを考えると、一概には言えない

買う

買うメリット

- 間取りなどの自由度が高い
- 独立した建物なので、子どもをのびのび育てられる
- 資産として手元に残る満足感がある

買うデメリット

- 高額で長期のローンを背負う
- 固定資産税や修繕費がかかる
- 住み替えが簡単ではない
- 景気により、資産価値が影響を受ける可能性がある

借りる

借りるメリット

- 固定資産税や修繕費がかからない
- 住み替えがしやすい
- ローンを背負う必要がない

借りるデメリット

- 間取りなどの自由度が低い
- 家賃が値上がりする可能性がある
- 契約を更新できる保証はない
- 設備の質や耐震性がやや低い傾向がある

購入は、資産や満足感など得るものが多い一方、ローンなど背負うものも大きくなる。賃貸は、柔軟性が高い反面、住宅の質は低い傾向があり、住み続けられる保証がない。

比較 2

一戸建て or マンション どっちが住みやすい？

子育て世帯には一戸建てが人気。設備重視でマンションを選ぶ人も

一戸建て

一戸建ての魅力

- 土地の資産価値が高い
- 上下階との騒音トラブルを気にする必要がない
- 間取りの自由度が高い
- 管理費がかからない
- 広い居住スペースを確保しやすい

⇒ 子育て世帯、家の資産価値を重視する人には一戸建てがおすすめ

一戸建ての注意点

- 比較的郊外に物件が多い
- 周辺環境が悪くなっても引っ越しにくい
- 防犯対策に費用がかかる
- 近所付き合いで煩わされることもある

マンション

マンションの魅力

- 立地が良い場所に物件が多い
- オートロックや監視カメラなど、防犯設備が充実している
- 宅配ボックスやゴミ置き場など、共用設備が充実している
- 耐震性が高い建物が多い

⇒ 設備や立地など、利便性を考えるなら、マンションがおすすめ

マンションの注意点

- 管理費、修繕積立金の支出が大きい
- 土地を所有するような満足感は得られない
- 理事会が面倒
- 高層階だと洗濯物を外に干せない

比較 3

建て売り or 注文住宅
長い目で見るとどっちがよい？

自由度が高いのが注文住宅。建て売りは多くの物件を比較して決められる

土地と建物をセットで買う

建て売り（分譲）
〈一戸建て・マンション〉

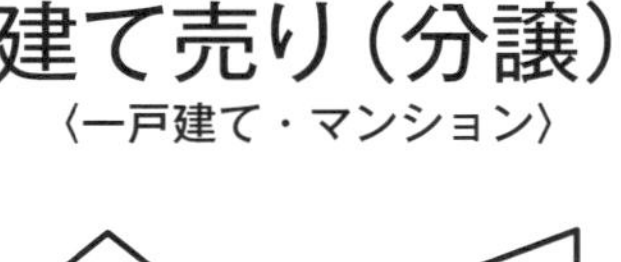

すでに完成した一戸建て住宅と土地を、見学して決めて購入する。比較的早めに引渡しできる。

建て売りの注意点

- **間取りはある程度画一的**
- **間取りや設備が気に入らなくても、妥協する必要がある**
- **維持メンテナンスなどは分譲会社から提供されない場合が多い。**

間取りはある程度決まっているが、実物を見てから契約できる

土地と建物を別々に買う

注文住宅
〈一戸建て〉

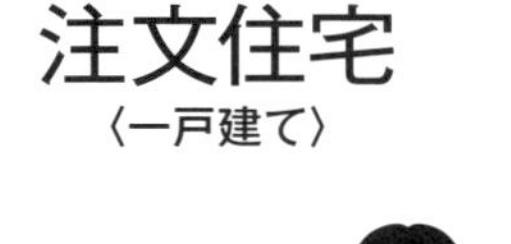
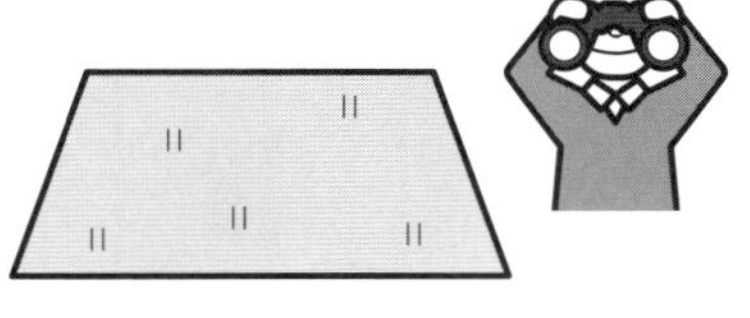
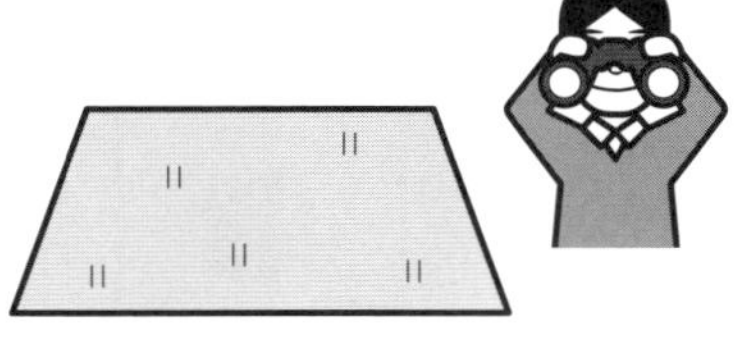
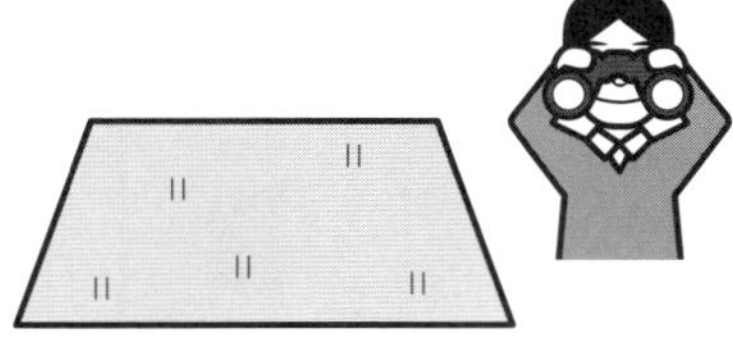

まず土地を探す。その土地に合わせた家を、自分で選んだ建設会社と何度も打ち合わせを重ねながら設計してもらう。

注文住宅の注意点

- **立地がよく、ちょうどよい広さの土地を見つけるのが困難**
- **打ち合わせに手間と時間がかかる**
- **建物の完成まで、今の家賃と土地のローンとで二重に支払いが生じる**

費用・時間・手間がかかる。ただし、希望を反映したこだわりの自宅を建てられる

比較 4

新築 or 中古 買うならどっちを選ぶ？

安全性などがわかりやすいのは新築。掘り出しモノがあるのは中古

新築

建物の情報が明確にわかる

- 建築時の図面や資料が残っている
- 瑕疵保険が適用される物件なら、欠陥があっても10年間は保証される
- 最新の耐震基準を満たしている

新築の住宅は、耐震基準や保証面をクリアしている。売る側・買う側の双方が難しい調査や知識を要せずに購入できる。

どの担当者でもたいてい大丈夫

新築は流通量が多く、物件数も多い。また、安全性が明確でリスクが少ないため、細かい調査をしなくてもOK。どの営業担当者でも販売できる。

⇒ 買う側が心配しなくても、安全で新しい家を買うことができる

中古

建物の情報が十分でないことも

- 建築時の図面や資料、修繕の記録が残っていないことも
- 当時の施工会社がすでになくなっている
- 安全性の調査や補修が必要

安全性が不透明。建物の状態など、細かい調査が必要なケースも。また、所有者の登記簿情報を確認する必要もある。

担当者によって左右される

これまでは新築の取引が多かったため、扱い慣れている不動産会社、担当者は限られている。建物に関する知識ももち合わせた担当者を探す。

⇒ 買う側にも売る側にも、中古住宅の価値を見極める努力とリテラシーが必要

ライフイベント

ライフイベントを予測し、対応できる住まいを検討する

「ベストな家」はそのときどきで異なる

今、買えるいちばんいい家

- トレンド満載の斬新なデザインハウス
- 郊外に位置し、車庫付き
- 上限までローンを組まないと買えない家

もしこんなライフイベントが起きたら？

親の介護をすることに	地方への異動が決定
実家に戻ることになると、今住んでいる家を手放す必要が生じる可能性がある。 ⇒ **売却しやすい家**がベスト	ローンの残債よりも高値で売却できるケースは少ない。賃貸に出してローンの返済にあてることも考える必要がある。 ⇒ **賃貸に出せる家**がベスト
景気悪化で収入が減少	**子どもが成長・独立**
当初組んでいたローンの支払い額よりも、毎月の負担が少ない賃貸に引っ越す必要が生じることもある。 ⇒ **売却・賃貸しやすい家**がベスト	大きくなった子どものために広い家への住み替えを検討している。または、子どもが独立して夫婦だけになるなら、コンパクトな家のほうが暮らしやすい。 ⇒ **家族構成に合った家**がベスト

家を買うときに大事なのが、「不動産は、未来を買うもの」という原則。今、ベストな家が、将来的にもずっとそうだとは限らないからです。

子どもがいても、10年後には独立するかもしれません。いずれ実家に戻る可能性のある人もいるでしょう。ならば、住み替えのために「売れる家」や「人に貸せる家」であることも、購入の条件になるはず。また将来の出費を考えれば、借入額の検討も必要かもしれません。

今の状況に合わせるのではなく、家族の将来のライフイベントを予測した上で、柔軟に対応できることが重要なのです。

ライフイベント予測表

自分や家族の年齢・収入・考えられるライフイベントを記入してみましょう。住み替えの可能性がある時期や、支出の多い時期などが見え、住まいの計画も立てやすくなります。※白紙の表はP43にあります。

経過年数		1	2	3	4	5	6	7	8	9	10	
年		20X1	20X2	20X3	20X4	20X5	20X6	20X7	20X8	20X9	20X0	
年齢(歳)	あなた	38	39	40	41	42	43	44	45	46	47	
	配偶者	36	37	38	39	40	41	42	43	44	45	
	子ども1	7	8	9	10	11	12	13	14	15	16	
	子ども2	4	5	6	7	8	9	10	11	12	13	
収入(万円)	あなた	530	545	550	560	570	570	590	590	610	620	❶
	配偶者	300	300	300	300	300	300	300	300	300	300	❶
	その他											❶
	合計											❶
ライフイベント	あなた					勤続20年						
	配偶者											
	子ども1	小学校入学						中学校入学			高校入学	❷
	子ども2				小学校入学						中学校入学	❷
	その他	親が退職										❸
年間支出(万円)		798	805	817	836	839	847	877	872	911	982	
貯蓄残高(万円)		532	540	533	524	531	523	513	519	499	438	

Point ❸
親と同居する可能性をチェック
自分や配偶者の親のライフイベントなども予測する。将来、同居する可能性があるなら、早めに合意と準備が必要。

Point ❷
子どもの成長に応じ住み替えるか検討
子どもの進学時期を考慮して住み替えの計画を立てる。通学や転校、教育費の増減などを考える必要も。

Point ❶
繰り上げ返済の計画を立てる
収入を把握し、収入が上がるときや親からの援助が見込めるタイミングで繰り上げ返済をする計画を立てる。

買い時

ベストな買い時は、税金・金利・買いたい気持ちで決まる

買い時を考えるときには、税金や金利動向をつかんでおく必要があります。2000万円の家なら消費税が1%上がると20万円上がります。

金利については、35年固定で3000万円借りた場合、1%金利が上昇すると約617万円支払いが増えます。とはいえ、これらの要素は、自分でコントロールはできません。

多くの人は、ライフステージの変化やまわりの影響などの外的要因に「買いたい気持ち」が刺激されて購入を決めています。買いたいときに、チャンスを逃さず動けるよう、日ごろから情報にアンテナを張っておくことが大事だといえます。

買い時を考えるための3つのポイント

買い時を考えるポイント❶

税金

住宅にかかる税金など ▶ P132

消費税の推移

1989年の導入時から何度か増税が行われている

1989年4月	1997年4月	2014年4月	2019年10月
3%	5%	8%	10%?

※食品や新聞などには軽減税率が適用される。

● 消費税2%上昇で金額は数十～百万円以上増える
〈5,000万円の物件を購入、内建物価格*が2,000万円の場合〉

消費税8%なら
2,000万円 × 1.08 = 2,160万円

消費税10%なら
2,000万円 × 1.10 = 2,200万円

⇒ 40万円の差

＊消費税は土地にはかからず、建物のみ。また、建物でも売主が個人である中古物件は非課税。

買い時を考えるポイント❷

金利

金利の詳細　▶ P140

ローン金利の推移　出典：住宅金融支援機構ホームページ

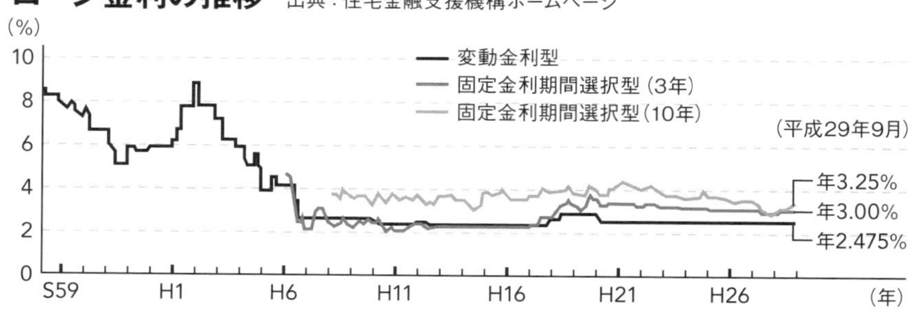

● 金利が0.5%変動すると、ローンの返済額が数百万円変わる

〈全期間固定金利、35年で3,000万円借りた場合〉

	年利1%なら	年利2%なら
総返済額	約3,557万円	約4,174万円
月々の返済額	約8万5,000円	約10万円

⇒ 総返済額は約617万円、月々の返済額は約1万5,000円も変わる。

買い時を考えるポイント❸

買いたい気持ち

転勤のない勤めが決まる

子どもが生まれる

素敵な広告を見た

友人・同僚が家を買った

買いたい気持ちが高まるのは、まわりの人の影響など、外的要因によることが多い。

結局、あなたが“その気”になったときが買い時です。決断した時点で、ベストな判断ができるように、準備しておきましょう

購入後のリスク

年代別にリスクを予測！ローン完済までに気をつけること

家を買うということは、生活の場を得るだけでなく、資産を所有しローンを支払う責任をもつことです。購入後に起こるライフイベントやリスクを考慮することが欠かせません。

家族構成や収入の変化によるリスクは、住宅ローンの返済に密接に関わってきます。

たとえば20～30代なら、出産や子育てに出費がかさんだり、配偶者の収入が減ることもあります。40代で小学生の子どもがいれば、十数年後には、子どもが独立する可能性も。老後のプランも必要です。50代以降は、定年退職後の収支を見極めることが必須です。

ローン完済時までのリスクの一例

20代で購入するケース

購入の動機：結婚

Point 売却に有利な物件を購入しておく

収入の確保と買い替え計画を

貯蓄の少なさや子育ての出費などで、資金の確保が必須。将来、買い替えの可能性も。

リスク（30代）：出産の出費と妻の退職で収入減

30代で購入するケース

購入の動機：子どもの成長

Point 定年退職前にローンを完済する

計画的な繰り上げ返済と子育てを

子どもの教育費と住宅ローンの重複が大きい。計画的な繰り上げ返済が必須となる。

40代で購入するケース

子どもの独立後の生活も考える

子どもが独立した後、広い家を持て余すことも。住み替えることも視野に入れる。

ローン完済までに起こるライフイベントを予測しておくことが大事です

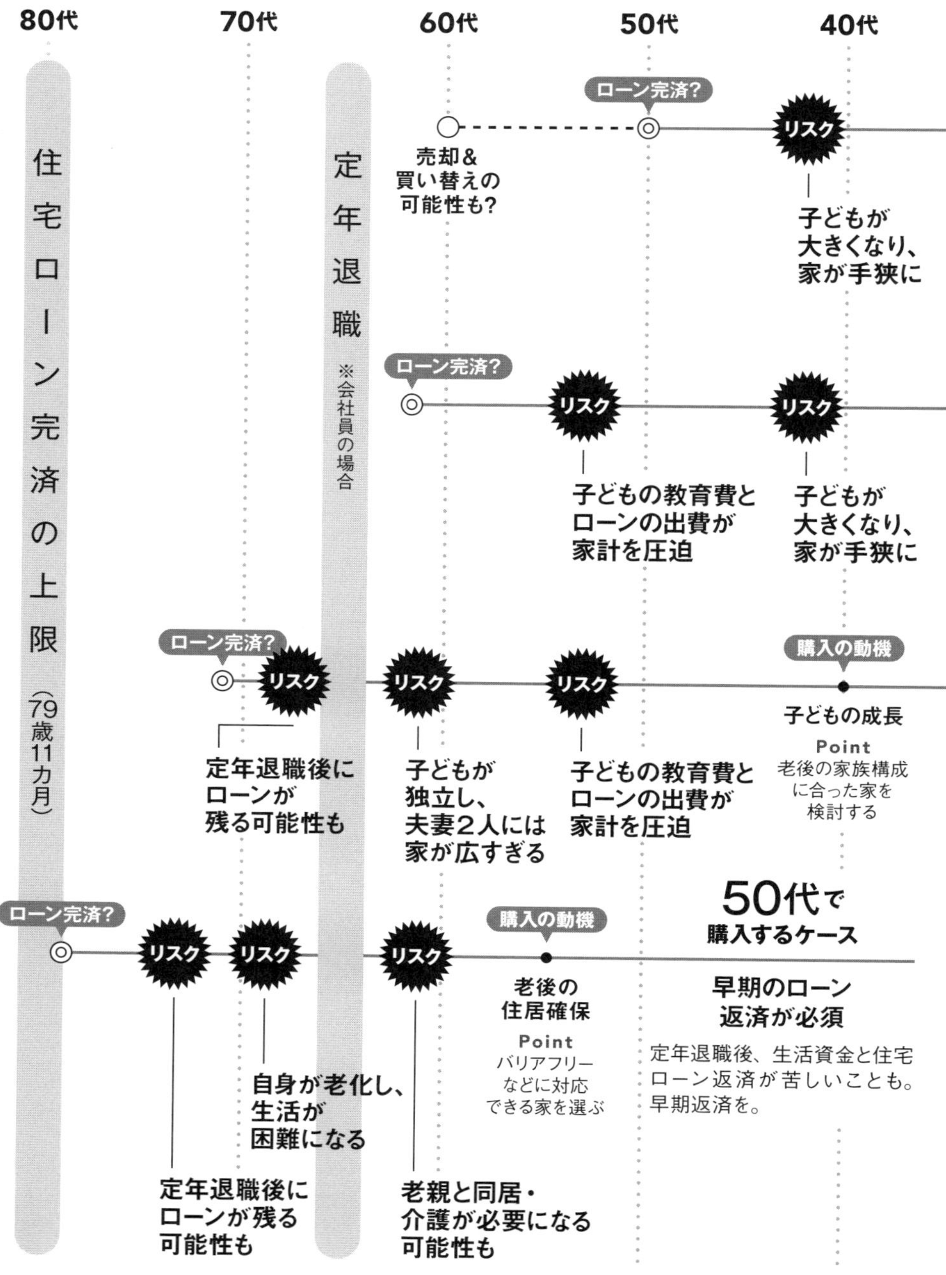
80代
70代
60代
50代
40代
住宅ローン完済の上限（79歳11カ月）
定年退職
※会社員の場合
ローン完済?
リスク
売却&
買い替えの
可能性も?
子どもが
大きくなり、
家が手狭に
ローン完済?
リスク
リスク
子どもの教育費と
ローンの出費が
家計を圧迫
子どもが
大きくなり、
家が手狭に
ローン完済?
リスク
リスク
リスク
購入の動機
定年退職後に
ローンが
残る可能性も
子どもが
独立し、
夫妻2人には
家が広すぎる
子どもの教育費と
ローンの出費が
家計を圧迫
子どもの成長
Point
老後の家族構成
に合った家を
検討する
50代で
購入するケース
ローン完済?
リスク
リスク
リスク
購入の動機
老後の
住居確保
Point
バリアフリー
などに対応
できる家を選ぶ
早期のローン
返済が必須
定年退職後、生活資金と住宅
ローン返済が苦しいことも。
早期返済を。
自身が老化し、
生活が
困難になる
定年退職後に
ローンが残る
可能性も
老親と同居・
介護が必要になる
可能性も

多様化する選択肢

家のあり方はいろいろ。マイホームの考え方は変化している

素敵な家に住みたいという夢はいつの時代も同じですが、夢の形は時代とともに様変わりしています。

戦後、住宅難の中で建てられた団地は、洋風の生活様式とともに庶民の憧れの的でした。その後、鉄道網の広がりにより、マイホームは郊外の一戸建ての時代に。やがてバブル期の地価高騰と崩壊を経た今では、必ずしも一つの理想形があるわけではなくなっています。中古物件をリノベーションしたり、シェアハウスで共同生活をする人も増えています。

働き方や生活の多様化と同時に、家のあり方も一様ではなくなってきているのです。

憧れのマイホーム像は時代とともに変化

戦後（1945年～）

日本各地が焼け野原となり、420万戸の住宅が不足していた

戦争の影響で住宅不足に

第二次世界大戦で木造住宅が焼け、都市部は深刻な住宅不足に陥った。それまでは借家が主流だったが、自分の家を持つ人が増え始めた。

1950年代

"憧れの団地生活"が流行した

都市部での住宅不足解消のために団地の建設が進められた。内風呂が完備され、便利な洋風の間取りに多くの人が憧れた。

1955年に日本住宅公団（現独立行政法人都市再生機構）が誕生した

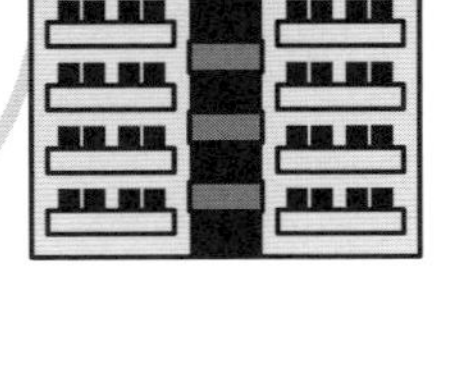

1980年代〜現在

1970年代

庭付き一戸建てがスタンダードに

高度経済成長で、サラリーマンの年収が右肩上がりになった。子どものために、住宅ローンを組んで郊外の庭付き一戸建てを買うのがスタンダードになった。

終身雇用が当たり前。右肩上がりの収入を期待してローンを組んだ

狭い住宅、タワーマンションも人気

バブル経済で地価が高騰

地方の過疎化などが進み、都心に住みたい人が増えた。交通の便がよい駅前のタワーマンションの人気が上昇。また、リビング中心の間取りが人気に。

リノベーションが注目される

働き方や価値観の多様化により、古い団地や民家をリノベーションして住むことにも注目が集まる。収入が低くても、趣向をこらした家に住むことができる。

世帯年収が減少し、安くておしゃれな物件が人気を集める

シェアハウスでの共同生活も

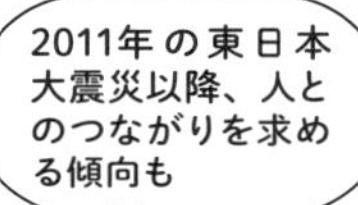

少子高齢化や晩婚化により、単身世帯が増加した。単身者同士で共同生活をするシェアハウスやルームシェアをする人も、主に若い人の間で増えている。

晩婚化により、単身者が増えている

ひと言

サ高住、海外移住など晩年を過ごす場所も変化

これまでは、一戸建ての自宅で家族に看取られて最期まで過ごすのが当たり前でした。しかし近年では、海外移住をする人、サービス付き高齢者向け住宅に入居する人など、晩年を過ごす住まいも多様化しています。

将来への視点

「ライフステージに応じて住み替える」という視点をもつ

現在、市場に出回る中古住宅のうち、約3割は築10年以内。*新築の住宅を購入しても、それだけ多くの人が、10年以内に手放しているということなのです。

家の売却は、けっしてネガティブなことではありません。むしろ、ライフステージに合わせて住み替えるほうが、賢い選択といえるでしょう。

ただし、今の日本では、家は価値を生む資産とは言い切れません。住宅価格が上がる物件と、そうではない物件に二極化していきます。そのため、価値が下がりにくく、割安な物件を探すことで将来の住み替えにも備えられます。

住み替えのきっかけ

出来事	悩み、願い	住み替えの例
結婚	●2人で住むための新居をかまえたい	独身向けの賃貸アパートから、2人で住む広さの住居に引っ越す。
出産	●赤ちゃんによい環境で暮らしたい　●子ども部屋を与えたい	子どもの多いエリアに引っ越す。部屋数の多い物件を探す。実家の近くに引っ越す。
子育て	●子どもをのびのび過ごさせたい　●進学先の近くに住みたい	一戸建てに住む。子どもの学校の近くへ引っ越す。保育園などの充実したエリアに引っ越す。
子どもの独立	●夫婦だけでは空間を持て余す　●土地の広い郊外に住む必要がない	無駄な空間がなく、管理も楽なマンションに引っ越す。交通の便がよい駅前などの物件を探す。
定年退職	●退職金で住環境を豊かにしたい	郊外に豪邸を買う。交通の便がよいタワーマンションを買う。
親の介護	●実家が遠くにある ●親の元に通うのが大変なので、同居したい	実家に通いやすいところに部屋を借りる。実家に戻って親と同居する。今の家に親を呼び寄せて同居する。
自身の高齢化	●階段の上り下りが辛い ●庭の掃除がおっくうだ	階段を使わなくて済む平屋建てに引っ越す。エレベーター付きのマンションに引っ越す。
離婚	●自分1人で住むには広い　●財産分与で手放さなければならない	売却する、もしくは単身者向けの住居に移り住む。

＊「築年帯別構成比率」公益財団法人東日本不動産流通機構調べ

住み替えのパターンはさまざま

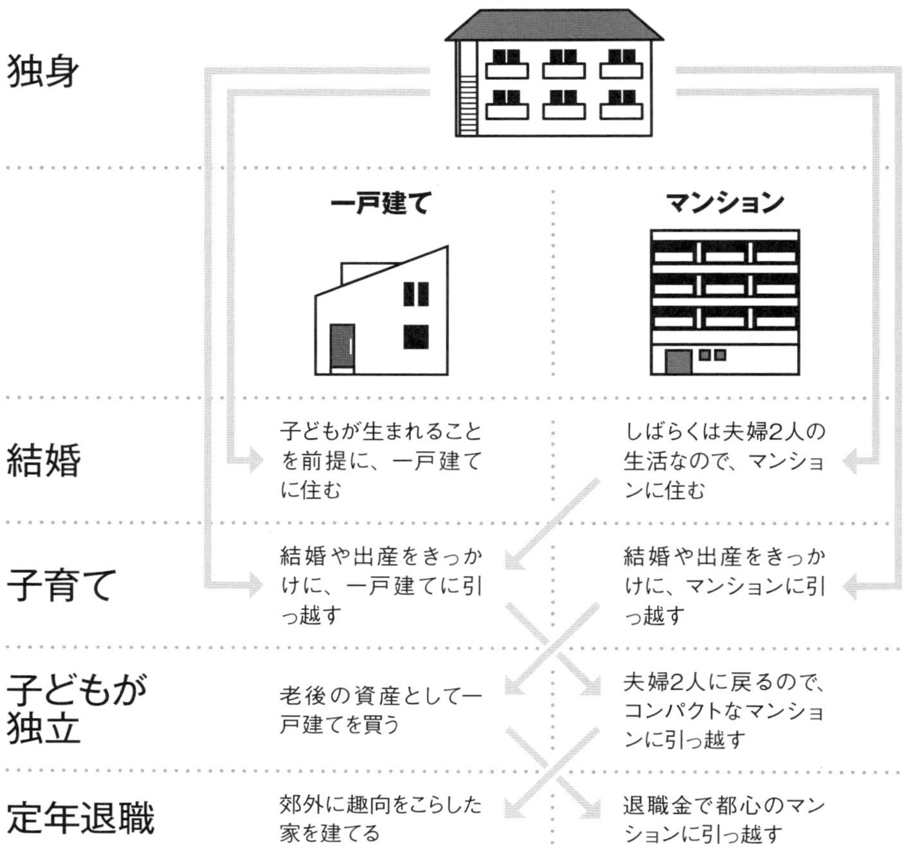

住み替えで不動産を売るときの鉄則

ローン残債 ＜ 売却額

- 頭金を多く用意し、ローンの借入額を下げる
- 価値に対して割安な価格の不動産を買う
- 繰り上げ返済で、早いうちに残債を少なくする

⇒ **難しければ賃貸に出す**

住宅市場

新築至上主義はもう古い!? 中古住宅の価値が上昇中

日本の不動産取引は、8割以上が新築。ほかの先進国に比べ、中古住宅の流通は盛んではありません。

しかし近年、中古住宅が注目されています。割安で、好みに合わせてリフォームできることが、その魅力でしょう。そもそも家は住みやすい土地から順に建てられるので、中古のほうが好立地の家が多いのです。

国も、2006年に住生活基本法を整備。中古市場の活性化に大きく舵を切りました。安心して中古住宅が買えるように住宅履歴情報や建物状況調査（インスペクション）の普及を進めたり、リフォーム減税を行うなど、流通を支援しています。

国も消費者も中古住宅に目を向けている

消費者の考え

「割安な物件が手に入る」

不景気や増税などにより、高度経済成長期に働き盛りだった世代のような可処分所得がない。そのため、立地などの希望を満たした住宅には手が届かない。新築よりも割安な中古物件が手に入るのはうれしい。

「リフォームがしやすく、自由度が高い」

理想の家を一からつくり上げて住みたいが、注文住宅は土地と建物を別々に購入するため、費用も手間もかかる。古家を購入してリフォームして住むことで、費用を抑えながら理想に近い家を実現できる。

国の動き

「住生活基本法」（2016年までの全国計画）

中古・リフォーム市場の倍増

内閣府が示す日本の成長戦略に、中古住宅の流通増加とリフォーム市場の倍増が盛り込まれている。具体的には建物状況調査実施の有無の開示を義務づけたことなどがある。

具体的な施策

住宅履歴情報の整備

新築時の設計図や検査書類などの「住宅履歴情報」を、データ化して保管するしくみが整備されている。データを蓄積して履歴を更新する。

建物状況調査・住宅瑕疵保険の普及

中古住宅の建物状況調査（インスペクション）の実施の有無を開示することが義務づけられた。国土交通省が住宅の瑕疵保険制度を普及させる動きもある。

リフォーム費用が住宅ローン減税の対象になる

中古住宅のリフォームをしたときに、住宅ローンの年末残高の1%が所得税から控除される。既存住宅の質を向上させようとする動きがある。

中古住宅の価値を知るための基準ができた

耐震性があり、修繕の情報があり、建物状況調査等が済んでいる住宅を「安心R住宅」として認定。消費者が既存住宅を選びやすくしている。

新「住生活基本法」（2016～2025年度の全国計画）

中古住宅・リフォームの市場を20兆円市場に

若年・子育て世帯や高齢者が安心して暮らすことができる住生活を実現するべく、計画が見直された。中古住宅の流通に加え、空き家の利活用の促進もうたわれている。とくに中古住宅の流通、リフォームの市場規模を倍増し、20兆円市場にすることを目指している。

例えば……
安心R住宅

中古住宅の質と魅力の向上をはかり、試算として次世代に継承されている新しい流れを創出する。

情報収集・相談先

ネットや人の話でイメージをつかみ、不動産会社を訪れるのが理想的

不動産の情報収集はインターネットで、という人がほとんどです。勧誘を嫌い、不動産会社を敬遠したくなるかもしれませんが、本当にいい情報や掘り出し物件を握っているのは、不動産会社だけです。

インターネットやチラシを見たり、現場を歩くなどしてある程度情報を得たら、不動産会社に行くのが理想的です。また、資金計画や保険、さらに建築上の問題などは、ファイナンシャル・プランナー（FP）や建築家などの専門家に相談します。

不動産会社だけではこうした人材を抱えていないことも多いので、外部提携があるかを確認しましょう。

自分でイメージをつかんでから専門家へ相談

イメージをつかむ

インターネット・チラシ

間取りや価格の相場をつかむ

流通している一部の物件が広告に出ている。中には成約済みの"おとり物件"が紛れていることも。あくまでも相場をつかむために使う。

知人の話

購入の体験談を参考にする

友人や上司など、最近住宅を購入した人に体験談を聞いてみる。家族構成や金銭事情が似ている相手なら、より現実的な話が聞ける。

自分の足

周辺環境を見る

検討しているエリアに出向いて、街の雰囲気や利便性を見てみる。また、住宅展示場などで実際にモデルハウスを見学してイメージを広げても。

新聞・雑誌・本

マイホームの基礎知識を得る

住宅に関する書籍で情報収集する。住宅に関連する減税制度や金利の変化など、住宅購入にまつわる社会の動きを新聞などでつかむ。

具体的に相談する

不動産会社

物件情報を聞いたり、専門家を紹介してもらったりする

エリア、予算を営業担当者に伝えて、具体的な物件を紹介してもらう。住宅ローンのことなど、専門家への相談が必要な場合は紹介を受けても。

〈相談できること〉

- REINS(P51)による物件情報の検索・紹介
- 登記情報を法務局から取り寄せ、売主の情報を調べてくれる
- 各種の専門家につないでくれる（下記）

さらに専門的なことを相談する

家の安全性なら……

建築家

家の構造の安全性を見てもらう

建築家に物件見学に同行してもらい、簡易的に構造をチェックしてもらう。

ホームインスペクター

建物の状況を調べてもらう

ホームインスペクションを依頼し、床下や屋根裏の欠陥の有無を調べてもらう。

ローン・資金計画なら……

ファイナンシャル・プランナー

資金計画を相談する

住宅ローンや保険など、資金計画や備えを総合的に相談できる。

銀行員

住宅ローンの相談・申込みをする

その銀行が扱う住宅ローンの利用が可能かどうかを相談する。

保険について

損害保険会社

火災保険、地震保険などに加入する

地震や火災などによる住宅の損害への備えを相談する。

生命保険会社

生命保険を見直す

働けなくなったときや死亡したときの資金繰りを支える保険を相談する。

物件検討時書き込み式チェックシート

物件を検討するために必要な情報をまとめる

家を購入するにあたり、あなた自身の情報やライフイベントを整理し、物件についての希望を検討しておきましょう。

● あなた自身について

家を買う目的	家族構成
	配偶者 ／ 子ども ＿＿人 ＿＿人 親 ／ ペット ／ その他
	現在の家賃／月々の支払い可能額
	万円
購入を希望する時期	**貯蓄額**
年　　月頃	万円

● 物件について

希望のエリア	希望の学区
線沿線 駅 徒歩　　分	小学校 中学校
物件の特徴	**希望の間取り**
一戸建て ／ マンション 新築 ／ 中古 建て売り ／ 注文住宅 リフォームする ／ リフォームしない	＿＿LDK 駐車場＿＿台 ／ 駐輪場＿＿台 南向き ／ 角地・角部屋 ／ ペット可 ／ 庭付き ／ 高台 ／ その他 ＿＿＿＿＿＿

ライフイベント予測表

経過年数		1	2	3	4	5	6	7	8	9	10
年											
年齢（歳）	あなた										
	配偶者										
	子ども1										
	子ども2										
	子ども3										
収入（万円）	あなた										
	配偶者										
	その他										
	合計										
ライフイベント	あなた										
	配偶者										
	子ども1										
	子ども2										
	子ども3										
	その他										
年間支出（万円）											
貯蓄残高（万円）											

COLUMN

マイホームを買うときは「幸せの最大瞬間風速」

多くの人にとって、マイホームは人生最大の買い物。たとえば結婚などと同じように、一生の中でもっとも幸福感が高まる「幸せの最大瞬間風速」ともいうべきイベントです。自分の城を得た満足感や、心地よい空間で過ごすこれからの日々を思うとき、誰でも幸福感に包まれるでしょう。

未来への希望に満ちているときだから、幸福に浸るのは当然。しかし、だからこそ、冷静な視点も忘れずにいたいものです。

人は目の前の幸福しか見えなくなると、大切なことを見落としがち。恋人の欠点が見えないように、家の素敵な外観や最新設備に心を奪われ、欠点に気づきません。通勤・通学に不便だったり資金計画に不安があっても、「何とかなる」と楽観的になってしまうこともあります。暮らし始めて現実が見えてきたとき「しまった」と思っても、後の祭りです。

マイホームは、人生の新たなスタート地点。「幸せのつむじ風」が通り過ぎた後が、本当の人生の始まりです。大切な家族と幸せを築いていくためにも、冷静な目で、将来への視点をもって家選びを心がけてください。

第2章

業界のしくみを知り、信頼できる担当者を見つける

業界を知って依頼する会社を選び、営業担当者を味方につける

不動産会社に相談に行きたいと思うんですけど、どこがいいかしら。大手なら安心ですよね。

不動産会社の扱う物件は、どこも同じというわけではありません。住宅には新築一戸建てやマンション、中古などいろいろな種類がありますが、**不動産会社によって得意分野が異なる**んです。

大切なのは、自分が探している物件に適した会社を選ぶこと。大手なら安心、中小だからダメというわけではありません。

自分の求める営業担当者を選ぶ

1 不動産・住宅業界を知り、行くべき相談先を探す

住宅は不動産業界の中の1つの分野。さらに住宅を扱う分野の中でも、仲介会社や分譲会社、建築会社などさまざまな会社がある。自分の目的に合った相談先を選ぶ。

2 不動産会社の経営姿勢を知り、依頼する会社をしぼる

住宅業界には、さまざまな規模の不動産会社がある。まずは自分が検討する物件に合う規模の会社を探す。その中から、営業手法や広告から会社の経営姿勢を知り、依頼する不動産会社をしぼる。

3 営業担当者の対応を見て、依頼する会社を選ぶ

不動産会社の営業担当者の対応によって、物件探しや取引の質が異なる。いい営業担当者の特徴を知り、信頼できる人を選んで任せる。また、お互いに気持ちよく取引をするための、買う側の心がまえも知っておく。

住宅業界

どんな会社に相談すればよいのか？ ▶ P48

- 大手ディベロッパー
- 大手不動産会社
- 一般的な不動産仲介会社
- フランチャイズ加盟店
- 工務店
- ハウスメーカー

どの不動産会社に依頼するか？ ▶ P54

- ○○不動産
- ××エステート
- ○○不動産販売
- 株式会社○○不動産
- リアルエステート△△
- 株式会社ホーム○○

どんな営業担当者なら安心して任せられるか？ ▶ P58

営業担当者も大事でしょうね。大手でも、新米の営業担当者では頼りなさそうですし。

そのとおりです。**営業担当者の見極めもカギ**ですね。有能な担当者なら、プロの立場から適切なアドバイスもしてもらえます。家の購入を成功させるには専門的知識や経験が不可欠。**不動産会社をいかに味方につけるか**が大事なんです。

でも不動産業界のことは何も知らないし、どんな担当者がいいのかもわからないわ。

では、不動産会社選びに欠かせない業界の基礎知識と、営業担当者の見極め方や、担当者との賢い付き合い方について話していくことにしましょう。

住宅の取り扱い分野

検討する物件の傾向から相談先の分野をしぼる

不動産会社といっても、その役割や得意な分野はさまざま。物件のタイプごとに取得方法や流れが異なるため、扱う不動産会社が異なります。自分の欲しい家は新築一戸建てなのか中古マンションなのかなど、ある程度物件の傾向をしぼった上で、相談先の会社を検討しましょう。

新築一戸建ては多くの不動産会社が扱い慣れていますが、中古住宅は、中古の扱いに慣れている会社を選びましょう。

新築マンションは、大手デベロッパー系列の販売会社のみ取り扱っているということも、知っておきたいポイントです。

欲しい物件に合った相談先を知る

YES / NO

START

- 立地も間取りもゼロからこだわりたい。
  - YES → 土地を持っている。
    - YES → A
    - NO → A 土地を探すところから
  - NO → マンションよりも一戸建てがいい。
    - YES → 土地の広さにこだわる。
      - YES → C
      - NO → B
    - NO → 将来住み替える可能性がある。
      - YES → 購入予算の2～3割の頭金が用意できている。
        - YES → E
        - NO → D
      - NO → 家族が増える可能性が高い
        - YES → D
        - NO → E

Ⓐ 注文住宅

土地を購入し、建築会社と打ち合わせをしながら家を建てる。間取りやデザインをゼロから決められる。一方、土地と建物を別々に用意するため、手間がかかる。

相談先

土地は不動産会社、建物は建築会社や設計事務所

希望どおりの土地を探すのに苦労が多い。土地の見学や家の打ち合わせにかなりの時間が必要。また、手付金や着手金など、自己資金を潤沢に用意しておく必要がある。

打ち合わせ ▶ 土地を購入 ▶ 施工

Ⓑ 新築一戸建て（分譲）

土地と家をセットで購入する。モデルハウスや、実際の物件など、複数の物件を比べて検討できる。間取りが比較的、画一的である。注文住宅よりも低価格で手に入る。

相談先

一般的な不動産会社

一般的な多くの不動産会社は新築分譲住宅の取引に慣れているので、大きな心配はない。また、施工の資料があるので、中古に比べて安全性が見えやすい。

見学 ▶ 契約 ▶ 引渡し

Ⓒ 中古一戸建て

前の持ち主から、土地と建物をセットで購入する。実際に現地に行って確認してから購入する。施工の資料が残っている物件は一部しかなく、安全性が見えにくいことがある。

Ⓓ 中古マンション

前の持ち主から購入する。中古の一戸建てと同様、実際に物件を内覧して購入する。マンション全体の管理状況がしっかりしているかどうかよく調べる。

相談先

中古物件を得意とする不動産会社

中古住宅の扱いに慣れた不動産会社は限られているため、得意とする会社を見極めて相談する。建物の安全性は、ホームインスペクション（P98）を依頼して調べるなどして、買う側が自らリスクヘッジをする必要がある。

見学 ▶ ホームインスペクション ▶ 契約 ▶ 引渡し

Ⓔ 新築マンション（分譲）

基本的には建てた会社の関連会社が販売を請け負うため、そこから購入する。マンションは、完成前に購入契約をすることが多い。

相談先

大手ディベロッパーの関連会社

多くは大手ディベロッパーが建て、関連会社が販売をする。複数の物件を比べる場合は、複数の販売会社に行く必要がある。

見学 ▶ 契約 ▶ 引渡し

取引関係図

家をつくる人と売る人の関係がわかれば、物件探しはスムーズ

買う家のタイプにより、取引の関係者は異なります。新築一戸建ては一般に、分譲会社が工務店などに発注し施工させ、仲介会社が販売します。分譲会社の信頼度が重要です。多くの分譲会社は銀行で借入をしているため、銀行が財務状況をチェック済み。ある程度信用できますが、施工実績なども調べておくと安心です。

中古住宅の場合、売主から依頼された不動産仲介会社がデータベースに情報を登録し、それを通じて買主側が欲しい物件を見つけます。施工や建物の状況など不透明なことも多いので、納得できるまで仲介会社に説明や情報を求めることが大切です。

買う家のタイプによって関係者が異なる

新築一戸建て

分譲会社が建てる。多くの場合、不動産仲介会社に仲介を依頼する。不動産仲介会社は買主に物件を紹介し、売買契約を取り付ける。分譲会社に広告力がある場合や、不動産仲介会社に頼んでも売れ残った場合は、分譲会社が自ら広告を出し、直売をする場合がある。難ありの物件もあるが、価格が安い掘り出し物件もある。

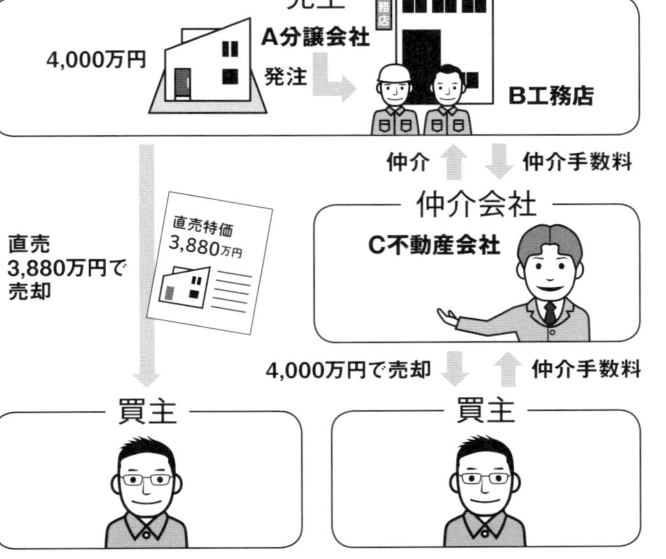

中古一戸建て・中古マンション

売主（多くは個人）が所有している。売主は不動産会社に販売活動を依頼する。売主側の不動産会社は「REINS」というオンラインデータベースに物件情報を登録する。買主側の不動産会社はREINSから買主が求める中古物件を探し出して提案する。中古物件の扱いに慣れている不動産会社に物件の紹介を依頼する必要がある。

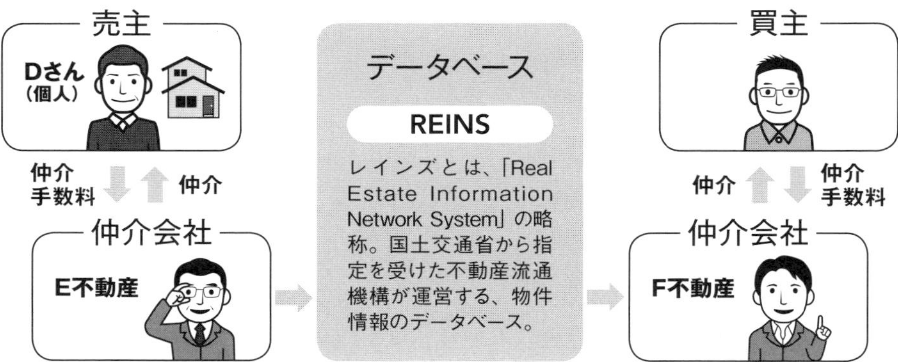

ちょっと特殊 新築マンション

建設に多額の資金が必要なこともあり、大手ディベロッパーが建てる。買主は系列の販売会社に問い合わせる。複数のマンションを検討したい場合は、ディベロッパー別の販売会社にそれぞれ問い合わせる。ただし、系列の販売会社はそのディベロッパーの物件を売ることが目的。ほかの物件は紹介しない場合が多い。

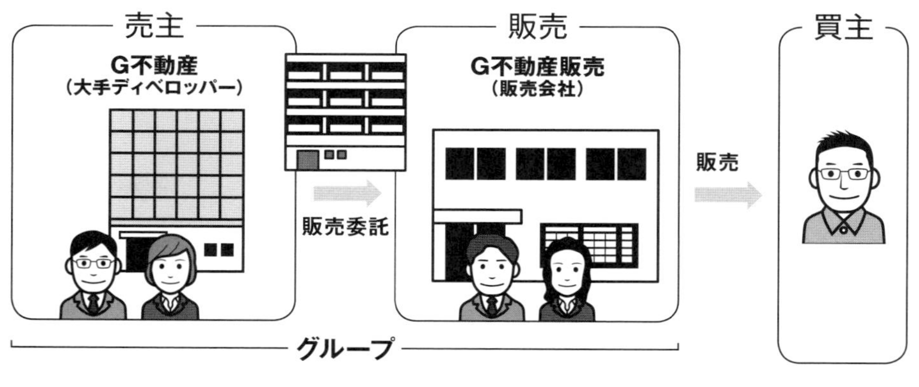

住宅業界の営業手法

新築を勧められても、流されずにベストな選択をする

購入の相談に行くと、多くの営業担当者は、まず新築物件を紹介します。その理由は主に3つあります。まず、新築は人気があって売りやすいこと。次に、新築の流通量が多い上に、手数料の面で不動産会社にメリットが大きいこと。さらに中古よりも建物のリスクが少なく、手間もかからず安全なことです。

ただし、新築は一般に、中古に比べ2割程度は割高。価格や立地など、どこかで妥協することにもつながります。

新築がよく見えたり、営業担当者から勧められても、言われるままに決めずに、比較検討しましょう。

新築ばかり勧めるのには理由がある

理由1 新築は消費者に人気

新築を購入した人のほとんどは、新築をメインに探している。中古住宅を購入した人の中にも、新築を視野に入れて検討した人が一定数いる。不動産会社は、買主の反応がよい新築をつい勧めてしまう。

新築にこだわる人はまだまだ多い

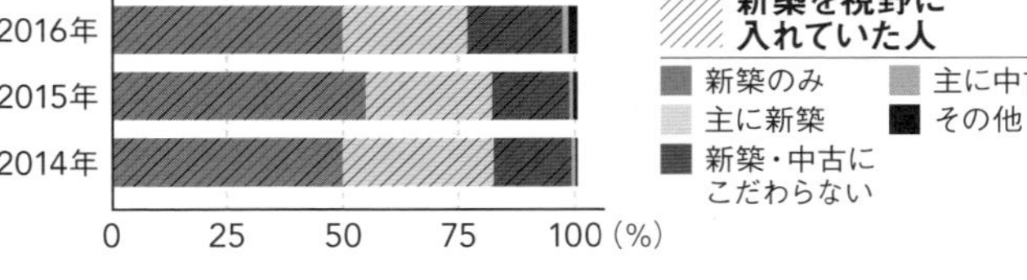

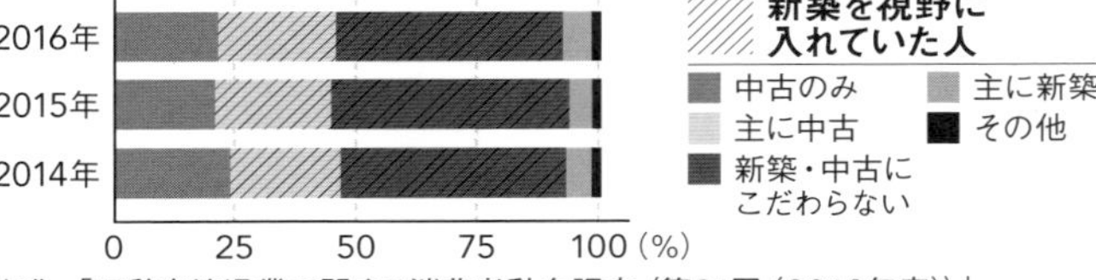

出典：「不動産流通業に関する消費者動向調査〈第21回（2016年度）〉」（一般社団法人不動産流通経営協会）

理由2 流通量が多い上に、1件ごとの手数料が高い

新築の場合は、不動産仲介会社が、売主である分譲会社と、買主の両方から手数料を受け取る（両手取引）。中古の場合は、売主側と買主側それぞれの会社に入ることが多い（P51）。つまり、依頼を受けた売主もしくは買主からのみ手数料を受け取る（片手取引）。新築は流通量が多い上に、仲介手数料が中古の場合の2倍入るため、不動産会社は新築を扱いたがる。

新築	両手取引で仲介手数料は6%*	&	流通量が多い	→	効率よくもうかる
中古	片手取引で仲介手数料は3%*	&	流通量が少ない	→	あまりもうからない

＊取引額400万円超の場合、仲介手数料の上限は3%＋6万円。

理由3 新築は扱いが難しくなく売りやすい

中古は、建物の安全性など細かい調査が必要。営業担当者にとって力量を問われ手間がかかる。一方で新築は、最新の建築基準をクリアしていて、安全性が明確。どの営業担当者でも比較的安全に取引できる。

新築　手間がかからない上に、安全

- 建築基準、耐震基準が最新のものをクリアしていて安心
- 施工時の図面など建物の情報が難なく手に入る
- 欠陥が出る可能性があるのは、数年～十数年先

新築の取引が多いのは、消費者・不動産会社の双方に都合がいいからなのね

中古　手間がかかる上に、リスクもある

- 中古住宅を扱った経験や知識が豊富な営業担当者が少ない
- 建てられてからの建物の情報が乏しく、自分で調査する必要がある
- 建物の劣化状況によっては、すぐに欠陥が出る可能性がある

不動産会社の選び方

大手か地元密着型の中規模の不動産会社が安心

会社の規模から具体的な特徴へしぼる

会社の規模からしぼる

規模	特徴	扱う物件
オススメ 大手不動産会社	従業員数が数百名を超え、全国展開している。基本的にきちんと対応してくれる。扱う物件数も多く、情報を多く持っている。	新築一戸建て 中古一戸建て 中古マンション
オススメ 地元の中規模不動産会社	従業員数が数名～数十名で、地元密着型。対応は大手不動産会社と比べても遜色ない。地域の情報に強く、扱う物件数も多い。	新築一戸建て 中古一戸建て 中古マンション
フランチャイズ加盟店	従業員数が数名～数十名の店舗。本部のノウハウを活用しているが、実体は地元の不動産会社。「有名だから」と安心せずよく見極める。	新築一戸建て 中古一戸建て 中古マンション
地元の小規模不動産会社	1人～数人で運営している。地域の有力な情報を持っている場合があるが、扱う物件数が少ない会社は、業界の最新情報に疎い場合も。	新築一戸建て 中古一戸建て 中古マンション
大手ディベロッパーの販売会社	グループ会社が建てた新築マンションの販売を一手に引き受ける。新築マンションを購入するときは、このような販売会社を検討する。	新築マンション

家は人生最大の買い物。家族で過ごす大切な場ですから、家探しのパートナーである不動産会社は慎重に選びたいものです。

大手なら安心といわれますが、一概には言えません。規模は大きくなくても、地元で長年営業し、信頼を得ている会社もあります。また、一部の会社では業務を外部に丸投げしていることもあります。

購入する物件が中古か新築かにかかわらず、中古に精通した不動産会社が望ましいでしょう。家は買った瞬間に中古になるので、購入後に価値の落ちにくい家をアドバイスしてもらえることが大切です。

②

よい経営姿勢が見えるポイントから具体的な会社を選ぶ

ポイント1

□ホームページや看板がしっかりしている

情報発信に力を入れている不動産会社は信頼できる可能性が高い。ホームページでは、代表者の情報や経営姿勢が掲載されているか、定期的に更新されているかなどもチェックする。

ポイント2

□物件の回転がよく、活気がある会社を選ぶ

不動産会社は①のように中規模から大手の会社を選ぶほうがよい。ただ中規模の会社でも従業員数が数名から20名程度のところが多い。中規模で比較するときは、物件の回転がよく、活気のある会社を選ぶ。

ポイント3

□購入後も責任をもってサポート

「売りっぱなし」の業者はNG。家のメンテナンスを行っているか、信頼できる工務店との付き合いがあるか、ホームページでチェック。アフターサービスの具体的な内容についても、確認しておく。

ポイント4

□宅建業者としての社歴が長い

宅建の免許は５年ごと（1996年までは３年ごと）の更新が義務。更新回数が免許番号とともに記されているので、数字を見れば営業年数がわかる。経験の長さを知る1つの目安になる。

●2つ以上の都道府県に事業所がある場合は国土交通大臣の許可が必要。

国土交通大臣（2）　第●●●●号

認定機関　更新の回数

(2)なら最低５年以上は事業を続けていることになる。

●1つの都道府県だけに事業所がある場合は、都道府県知事の許可が必要。

埼玉県知事（2）　第●●●●号

より多くチェックがついた不動産会社を選びましょう

頼んではいけない会社

ホームページや広告を見て、経営姿勢のよい会社を選ぶ

不動産会社を調べるときは、まずホームページや広告を参考にします。ただし、見た目のよさや美辞麗句に気を取られてはいけません。

大切なのは、会社の規模よりも経営姿勢を知ること。ホームページでは、経営者の顔写真や経歴、経営方針、資本金、本社住所や連絡先、従業員数や社歴などを確認します。

広告では、物件の価格ばかりでなく、管理費や修繕積立金などの諸費用、広告の有効期限の記載を見落とさないようにしてください。

ホームページや広告には経営姿勢がにじみ出ます。これらを手掛かりに、会社を見極めましょう

経営姿勢が見えない会社は要注意

http://www.usokusai_hudousan.com

○○不動産
TEL 03-○○○○-△△△△
FAX 03-○○○○-△△△△

TOP 売りたい 買いたい ブログ

「私たちにお任せください！」

営業部長 △川 ○彦

営業スタッフ △山 ○助

社長あいさつ

企業理念
一 お客様ファースト
二 誠実な対応
三 業界最安値

代表取締役 ○田 △男

Point 1
社長の顔や経営方針が載っているか？
ホームページに代表者の顔写真や経歴などの記載がなく、また経営方針や理念が見えない会社は誠実さに欠けることも。

Point 2
資本金や従業員の紹介があるか？
会社の情報を隠さず公開する姿勢があるかどうかをチェックする。特に営業担当者の紹介ページは必須。

広告で過度なあおり文句を入れている会社は信用できない

Point ❶

見栄えのよい情報ばかりで数字の根拠がない

ローンの支払額の安さばかり強調され、管理費などが記載されていないのは不誠実な広告。数字の根拠を確認。

Point ❷

当たり前のことをセールスポイントのように書く

当たり前のことが美点として強調されていたり、その物件と直接関係のない言葉や写真を使った広告も多い。

1
○○○町１丁目
分譲住宅
今だけの大特価
2,050万円
（月々のお支払い　５万円台～）
大幅値下げ
1
● 余裕の 3LDK
● 駅近 10 分
● 日当たり良好
●月●日オープンハウス開催
同時公開物件多数
憧れの街で暮らしたい…
2
住宅ローン相談会
無事完成！
3

ひと言

電柱の広告は違法。けっして問い合わせをしてはダメ

電柱で見かける不動産の広告は、「捨て看板」といい、違法です。折り込みチラシやネット掲載に比べ、費用が安いので後を絶たないのが実情。取り締まりを逃れるため、社名がなく、携帯電話の番号しか載せていないこともしばしばあります。

悪質業者が客を引き寄せるための「釣り」ですから、問い合わせはしないでください。

Point ❸

広告の有効期限が書いていない

広告には、取引条件の有効期限を記載することが、法律で定められている。つまり有効期限がないチラシは、違反広告。業者が信頼できるかどうかの見極めのポイントになる。

いい
営業
担当者

情報・知識・責任感・人柄。4つの視点から頼れる人を探す

いい営業担当者は、優れた社会人と同じといえます。仕事で必要な情報にアンテナを張っていること。基礎的な知識をもっていること。

仲介業だけなら、細かな税制や経済動向を知らなくても、ある程度の仕事はできますが、専門的知識や最新情勢が頭にあれば、買主（購入予定者）はより的確なアドバイスをしてもらえます。

不動産取引は多くの知識や経験を必要とするので、10年でやっと一人前。熟練の担当者に出会えるとは限りませんが、不明点を上司に確認したり、調べて回答をくれるなど、誠実な担当者を選びたいものです。

いい営業担当者には4つの要素が必要

責任感

1つの会社に定着して働いている

会社を転々としている人は、家を売りっぱなしで、アフターフォローに無頓着なことから、責任感のなさがうかがえる。1つの会社に最低3年以上勤めている人が望ましい。

情報

最新の情報につねにアンテナを張っている

開発情報や、住宅市場のトレンド、税制、地価の変動などの最新の情報に詳しい。また、自分が知らない情報を聞ける人のネットワークをもっている。

人柄・経験

その人自身に魅力が感じられる

まわりの人との関係もよく、上司との連携もとりやすい。人からの助言を受けながら、取引を進めてくれることが期待できる。家を購入した経験があるとなおよい。

知識

不動産関連の資格をもっている

宅地建物取引士などの資格を取っていることに加え、ファイナンシャル・プランナーなど、専門外の資格もあると、より勉強熱心な姿勢がうかがえる。

頼れる営業担当者を見極める15のポイント

		ポイント	買主が見極める言葉
情報	1	□ **地域の周辺情報に詳しい。** →開発計画や物件情報などを収集する努力が見られる。	「この地域の地価は、この先、どうなるでしょうか？」 「ホームインスペクションはどれくらい手掛けたことがありますか？」
	2	□ **情報のネットワークがある。** →積極的に専門家と連携する姿勢が見える。	
	3	□ **住宅履歴情報、ホームインスペクションなど、最新の話題にも詳しい。** →最新情報に意欲的にアンテナを張っている。	
知識	4	□ **宅建の資格をもっている。** →建物を扱う上で、本来は必要な資格。	「ご専門の資格はおもちなんですか？」 「宅建以外に何かチャレンジされていますか？」
	5	□ **宅建以外の資格（FPなど）をもっている。** →幅広いアドバイスがもらえる可能性がある。	
	6	□ **税制について理解している。** →固定資産税・贈与税・減税制度のことも聞ける。	
責任感	7	□ **時間や期限を守る。** →基本的なことだが、人として信頼できる。	「何年くらいお勤めなんですか？」 「購入したお客様とはその後どんなお付き合いがありますか？」
	8	□ **連絡をしてから返事が早い。** →めまぐるしく変わる物件情報に対応できる。	
	9	□ **同じ会社に3年以上勤めている。** →売るときだけいい顔をしてすぐに辞める人は無責任。	
	10	□ **わからないことは、調べてから回答してくれる。** →ごまかさず、正直で誠実な営業担当者である。	
	11	□ **物件のデメリットも説明できる。** →デメリットを隠さず教えてくれる営業担当者のほうが信用できる。	
	12	□ **ローンの借入額いっぱいの物件は紹介しない。** →購入した後の支払いまで考えてくれている。	
人柄・経験	13	□ **他社の悪口を言わない。** →悪口を言う営業担当者は信用できない。	「問題があったときに、上司は相談に乗ってくれますか？」
	14	□ **上司や専門家との関係がよい。** →力が足りないところは経験豊富な人に補ってもらえる。	
	15	□ **自身も家を買った経験がある。** →経験者ならではのアドバイスが聞けることもある。	

買主側の
心がまえ

「聞かれるままに答える」ではなく、自分の思いを伝える

不動産会社ではまず、ヒアリングシートを記入し、担当者と面談します。内容は、希望価格帯や地域、年収や借入額などマニュアルに沿ったものがほとんど。買主の長期的視点から住まいを考える場はありません。

買主に大切なのは、聞かれたことに答えるだけでなく、積極的に自分の考えやライフプランを伝えること。ライフステージの変化に応じて、売却・賃貸・増改築などがしやすい家を一緒に考えてくれるかもしれません。相談しながら思わぬリスクを認識することもあります。

家のプロを味方にし、最適な家を見つけてください。

腹の探り合いではなく、味方につける

積極的に、誠実に対応する

信頼関係を築くためにも、進んで協力する姿勢を示したいもの。連絡をこまめにとり、マイホームに対する思いを伝えれば、より親身になってもらえるはず。

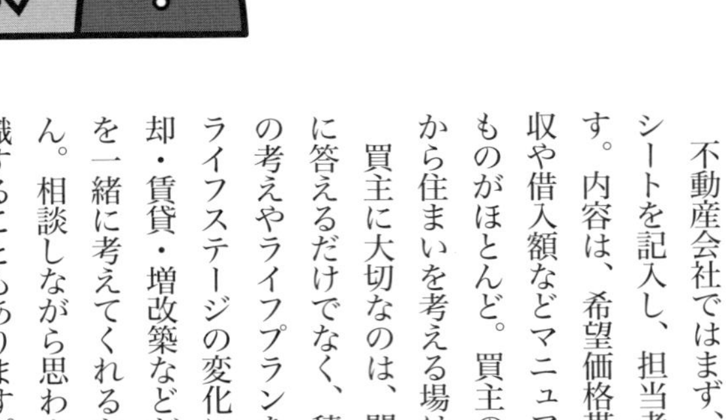

わがままばかり&やたらと値切るのはNG

強引に値切ったり、何度も情報を取りに行かせて無駄な手間をかけさせては、担当者もうんざり。買う気がないと思われ、いい情報がもらえなくなってしまうことにも。

営業担当者を味方につけるための10カ条

1 **ヒアリング**の際、聞かれたことには素直に答える。
わからないこと、迷っていることは素直にそう伝える。
自分で確認できることはできるだけ早く確認し、協力する。

2 「なぜ家を持ちたいか」「今後の人生設計をどう考えているか」など、
家の購入にまつわる“思い”を伝え、
担当者に同じ目標に向かって一緒に走ってもらえるようにする。

3 **希望する連絡手段**を伝え、
行き違いがなく、お互いにスムーズに連絡をとれるようにする。

4 営業担当者から連絡がきたとき、返事は早めにする。
買う側のやる気を見せる。

5 **デメリットや欠陥**についても積極的に質問し、教えてもらう。

6 **「瑕疵保険」**や**「住宅履歴情報」、**
「ホームインスペクション」など
不動産業界の最新の流れについて質問してみる。

7 **アフターサービス**についても質問してみる。
サービスの内容や質も視野に入れているという姿勢を見せる。

8 物件見学の際は、小出しに要望を言ったり、方針をコロコロと
変えたりしない。**営業担当者にとって無駄な手間**は、
できるだけかけないようにする。

9 「○○社ではこういうサービスがあるが、おたくはどうなのか」などと
他社と比べたり、無理なかけ引きをしたりしない。

10 営業担当者を信頼し、ある程度「任せます」「頼りにしてるよ！」
という姿勢で対応する。
実際は、**自己責任の姿勢**で、質問や確認はぬかりなく。

COLUMN

家探しはお見合いと一緒。美点も欠点もあることを忘れずに

お客様にぴったりの家だと思って紹介したのに、「もっといい家が見つかるかもしれない」と、先送りにされてしまうことがあります。

「早く買わせたくて勧めているのではないか」などと警戒されがちですが、ほとんどの営業担当者は、お客様のことを思って、本心から勧めています。不動産業者は日ごろから数多くの物件を見ているので、お客様にもっとも適した家が直感的にわかることも多いのです。

家探しは、お見合いと似ています。目の前にいいと思う人が現れたのに、「もっといい人が出てくるかも」と足踏みしていれば、チャンスを逃してしまいます。

欠点のない相手はどこにもいません。大切なのは、自分に最適な相手を見つけること。そのためには、本質とは離れた些細な欠点には目をつぶることも、ときには必要です。「運命の人」をほかの人に取られないために、タイミングを逃さず決める勇気をもってください。

第3章

環境・利便性・安全性で物件をチェックする

物件チェックは、人任せではなく「自己責任」で行う

安全性・使い勝手のよさ・可変性がポイント

Point ❶
安全性は自分の目と足で確かめる

下準備
P66 ～

物件見学までに知っておきたいポイント

図面や不動産広告でわかることは、あらかじめ調べておく。実際に街を歩く、不動産会社で書類を見せてもらう、担当者に質問したりするなど積極的な行動を。

- **不動産広告の見方**
- **立地の選び方**
- **周辺環境**
- **開発計画**
- **地盤の安全性**
- **築年数**
- **耐震構造**
- **工法**

担当者が家を探してくれたら、いよいよ物件見学ですね。何か準備しておくことはありますか。

自分でしたほうがいいことはたくさんあります。たとえば**現地を歩く**こと。登下校時に通学路を歩いたり、近隣住民にヒアリングして環境を知ることなどは、自分にしかできません。一方で登記簿などの書類は担当者に頼むといいでしょう。

耐震など建物の安全性はどうすればわかる？　新築マンションのほうが頑丈そうですよね。

Point ❷
使い勝手を重視して選ぶ

Point ❸
可変性の高い間取りがよい

物件見学
P84 ～

**物件見学で
チェックしたいポイント**

実際に現地に行ってみないとわからないことを、もれなくチェックする。実際の生活を具体的にイメージしながら見学にのぞむ。

- **外観**
- **間取り**
- **広さ**
- **内観・眺望**
- **避難経路**
- **見学と実際の違い**

Point ❹
中古住宅特有の価値判断基準を知る

番外編
P98 ～

**中古住宅を検討するなら
さらに知っておきたいポイント**

中古住宅の場合、建築から時間がたっていることもあり情報が少ない。価値を見極めるために、新築にはない特殊なチェックポイントがある。

- **住宅診断（ホームインスペクション）**
- **住宅履歴情報（いえかるて）**
- **住宅の認定制度
（安心R住宅、長期優良住宅など）**

マンションも一戸建ても、**まずは築年数などで耐震基準を満たしているか、確認**します。家は見た目や設備ではなく、**地盤や基本構造など「変わらないもの」で判断するのが大事**なんです。

住宅業界ではホームインスペクションという家の診断制度や、住宅履歴を保存・閲覧できる情報サービスを整備していますから、活用するといいでしょう。

家族が長い人生を過ごすところ。安全性は確かめないと。

それでは、家の見方やチェック方法を説明しましょう。

家の購入は一生に何度もない買い物。**人任せにせず自己責任でチェックする**ことをお勧めします。

広告の見方

不動産広告の見方がわかると物件のチェックポイントも見える

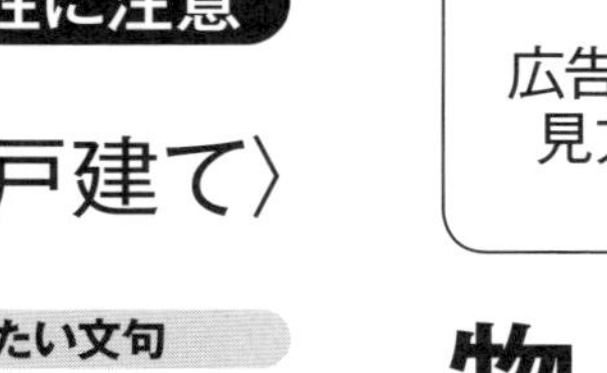

土地や建物に関する情報の正確性に注意

〈一戸建て〉

うたい文句

設備や見た目だけを売りにしていないか

立地や土地の形、建物の基本構造など、後から変えられないものを重視。設備や見た目、広告のうたい文句に惑わされないこと。

▶ 詳細はP70、96

接面道路

公道か私道か

私道は道路補修やガス管工事など所有者の負担となるものが多い。共有者がいる場合、トラブルになるリスクも。掘削と通行の承諾書は事前にもらっておく。

▶ 詳細はP108

家の広告には、見栄えのよい写真やお得な価格など、心惹かれるものが盛りだくさん。しかし、いい情報だけに目を奪われるのは危険です。

広告から見えてくるのは、業者の経営姿勢。あえて不利な点は載せない不動産会社さえあります。

土地や建物面積が実際と異なっていたり、居住空間以外のものを加えて広く見せたり。私道や違反建築など将来的にトラブルになりそうな材料は表に出さないこともあります。

広告に書かれている情報の見方を知り、正しく読みとけるようになれば、物件見学に備えて必要な情報を押さえることができます。

△△区〇〇〇町

2駅3路線 利用可

中古
リフォーム物件

4,050万円

間取り　3LDK

専有面積　〇〇〇㎡

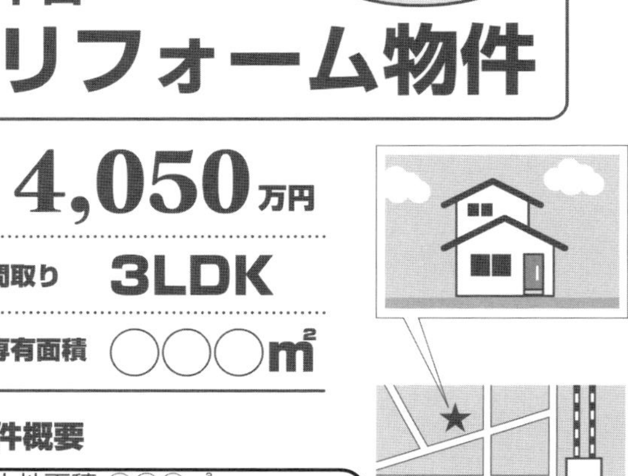

物件概要

● 土地面積 〇〇〇㎡
● 容積率〇〇%・建ぺい率 〇〇%
● 用途地域 第二種高度地区
● 建物面積 〇〇〇㎡

株式会社△△△不動産
電話　03-〇〇〇〇-△△△△
住所　△△区□□町３丁目

土地面積

登記上の面積より実面積が狭くないか

以前は土地を分ける際、測量せずに全体から分筆分を差し引いた面積で登記されることがあった。このため、登記上と実面積が異なることもある。

▶ 詳細はP110

土地容積率・建ぺい率

違反建築の疑いがないか

容積率や建ぺい率オーバーなどの違反建築は、銀行からの融資を受けられない場合が多い。また、建て替えの際、今とは同じ大きさの建物を建てられない可能性がある。

▶ 詳細はP112、114

用途地域

近くに高い建物が建つ可能性がないか

第一種低層住居専用地域は高い建物が制限されるが、近隣に中高層住居専用地域や商業地域があると、将来高い建物が建つ可能性も。

▶ 詳細はP74

建物面積

居住空間以外が含まれていないか

建物面積に、駐車場やバルコニーなどの面積まで加えている広告もある。実際の居住空間がどの程度あるのか確認する。

▶ 詳細はP92

修繕積立金など、お金に関する情報に注目

〈 マンション 〉

□□□区○○町

駅至近

○○ハイツ
302 号室

話題の
リノベ物件！

○○駅より徒歩 2 分

2,380万円

間取り 2LDK

専有面積 ○○○㎡

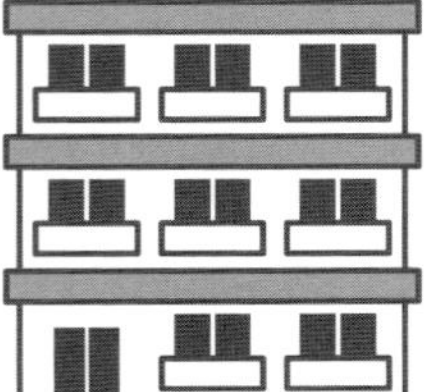

物件概要

- 築年数 ○○年
- 総戸数 ○○○戸

株式会社 □□□不動産
電話 03-△△○○-○○△△
住所 ○○区△△町1丁目

- 月々返済額 ¥90,000
- 管理費 ¥20,000
- 修繕積立金 ¥37,000

月々の負担額
¥147,000

築年数

新耐震・旧耐震のどちらで建てられているか

築年数から逆算して完成年がわかれば、新・旧どちらの耐震基準で建てられたものかわかる(下記)。一戸建ての基準は2000年に改正されたので、それ以降の着工が望ましい。

1981年5月31日までに建築確認
→ 旧耐震基準
1981年6月1日以降に建築確認
→ 新耐震基準

※工期の長いマンションの場合、1983年以降の完成なら、新耐震基準である可能性が高い。

▶ 詳細はP78

総戸数

20戸以下なら修繕計画が妥当かどうか

小規模マンションでは、一戸あたりの修繕積立金の分担金が高くなる。積立金が安すぎる場合、後で積立金が上がる危険も。修繕計画が妥当かどうかをチェックする必要がある。

▶ 詳細はP123

修繕積立金

ローンの支払い以外にかかる「管理費」「修繕積立金」が適正かどうか

月々の支払いは、ローン以外にも管理費や修繕積立金、固定資産税などがかかる。特に安すぎる修繕積立金は、今後大幅に上がる可能性もあるので、適正かどうか見極めて。

▶ 詳細はP122

CHECK

不動産広告の違反

不動産広告は宅地建物取引業法などの法律で定められているが、これに違反した広告も多い。下記のようなポイントで、広告が違反していないかどうか見極める。

① 「新築分譲住宅」建築確認が取れていない物件は「新築」と呼ぶことはできない。

② 面積は坪数と平米数の両方を明記しなければならない。

③ 学区を示す場合には、学校からの距離も明記しなければならない。

④ 建物が完成していない場合には、同じ仕様で施工されたものでなければ写真などを掲載できない。

⑤ 月々の返済額は、金融機関名、利率や固定金利などの内容を記載しなければならない。

⑥ 広告の取引条件に関する有効期限を記載しなければならない。

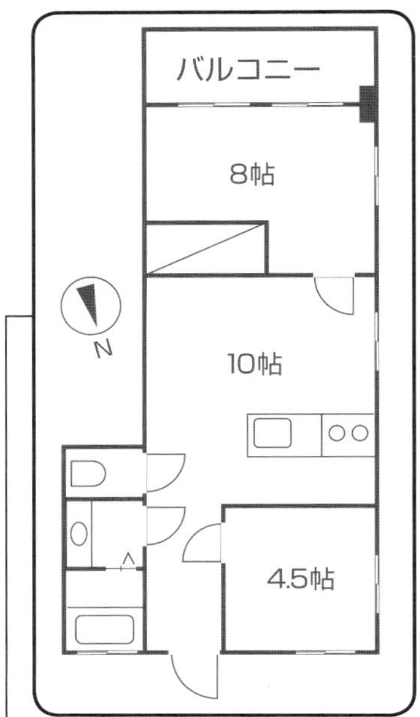

畳数、間取り

表記方法によって広く見せていないか

同じ6畳でも、小さな畳を使って6畳としているところもある。また、マンションの広告の面積は壁の中心を基準にした「壁芯」が多い。登記面積は壁の内側（内法（うちのり））なので狭くなる。

▶ 詳細はP124

ひと言

天井が斜めで家具が入らない!? 平面だけではわからないことも

間取り図だけでは、立体的な空間は見えません。実際に現地に行ってみると、思わぬ落とし穴を見つけることも。たとえば、階段が狭くて大型冷蔵庫や洗濯機が運び込めなかったり、天井が斜めになっていて家具や家電がおさまらなかったりするケースがあります。

立地

“変わるもの”は参考程度に。“変わらないもの”を重視する

家を買うときもっとも重視すべきなのは、「変わらないもの」。土地の広さや地形は変えられません。街の環境や公共施設の便利さも、基本的には変化が少ないといえます。

一方、建物の設備は後から自分で変えられますから、検討の際の優先順位は低くするべきです。さらに周辺の買い物施設も、街の人口が減って閉店するかもしれません。バスの便も減る可能性があります。逆に、娯楽施設ができたりして、街が様変わりすることもあります。

安心して長く住み続けるには、目先の利点に惑わされず、「変わらないもの」を見極める目が大切です。

立地は、変えられないものを優先する

立地を検討する上で
重要度㊦

変わるもの

交通の利便性

バス便の本数

バス便は、廃止されたり便数が減ったりする可能性がある。

買い物施設

ショッピングセンター
スーパーマーケット

コンビニやスーパーなどが家の近くにあっても、いつ閉店するかわからない。買い物が不便になる可能性も。

娯楽施設

カラオケ店、ボウリング場
パチンコ店

商業施設同様、カラオケ店、ボウリング場などの娯楽施設もめまぐるしく変化する。購入時はあくまで参考程度に。

立地を検討する上で
重要度(高)

変わらないもの

地形や土地の広さ

広い土地か、狭い土地か
高台か、低地か
四角い土地か、いびつな土地か

将来、隣に子どもの家を建てたり、駐車場で収益を上げたいなどの夢があれば、適した広さが必要。いびつな土地や水はけの悪い土地は使い勝手が悪い。妥協しないこと。

駅からの道のり

駅からの距離、道のり

駅からの距離は変わらなくても、自分の体力は変化する。同じ道のりなのに年とともに遠く感じたり、坂道が辛くなる場合もある。

公共施設1

公園、広場
（川沿いなら）橋　**道路**

公園や図書館、役所などの施設はあまり変わらない。子育て中やリタイア後など、街で過ごす時間が長いほど、気づかなかった公共施設の便利さや街の雰囲気が大切になる。

公益施設2

病院　**学校**　**図書館**　**役所**

病院や学校の統廃合などは中長期的に行われ、市区町村の行政サービスで確認可能。最近は変わることも多いが、ある程度先まで計画が見込めるので、子どもの教育や老後の生活に組み入れることができる。

住み続けるなら、自分が高齢になってからのことも考えよう

周辺環境

現地を歩き、近隣の人に話を聞いて、地域の雰囲気をつかむ

周辺を知るには、自分の足で歩くのがいちばん。近隣を訪ね、直接住民に会って話をすれば確かな情報を得ることができます。今後の人生を過ごす家です。惜しまず努力を。

自分の家族構成を話したり、「この地域が気に入ったので」と話を向ければ、快く話してくれる人は多いもの。地主さんがいれば、家を訪ねてあいさつをすると、近隣のことを教えてもらえるかもしれません。

昼と夜、平日と休日などいろいろな時間に歩いてみましょう。通学路の交通量は、登下校時間の下見をおすすめします。

暮らしをイメージしながら歩く

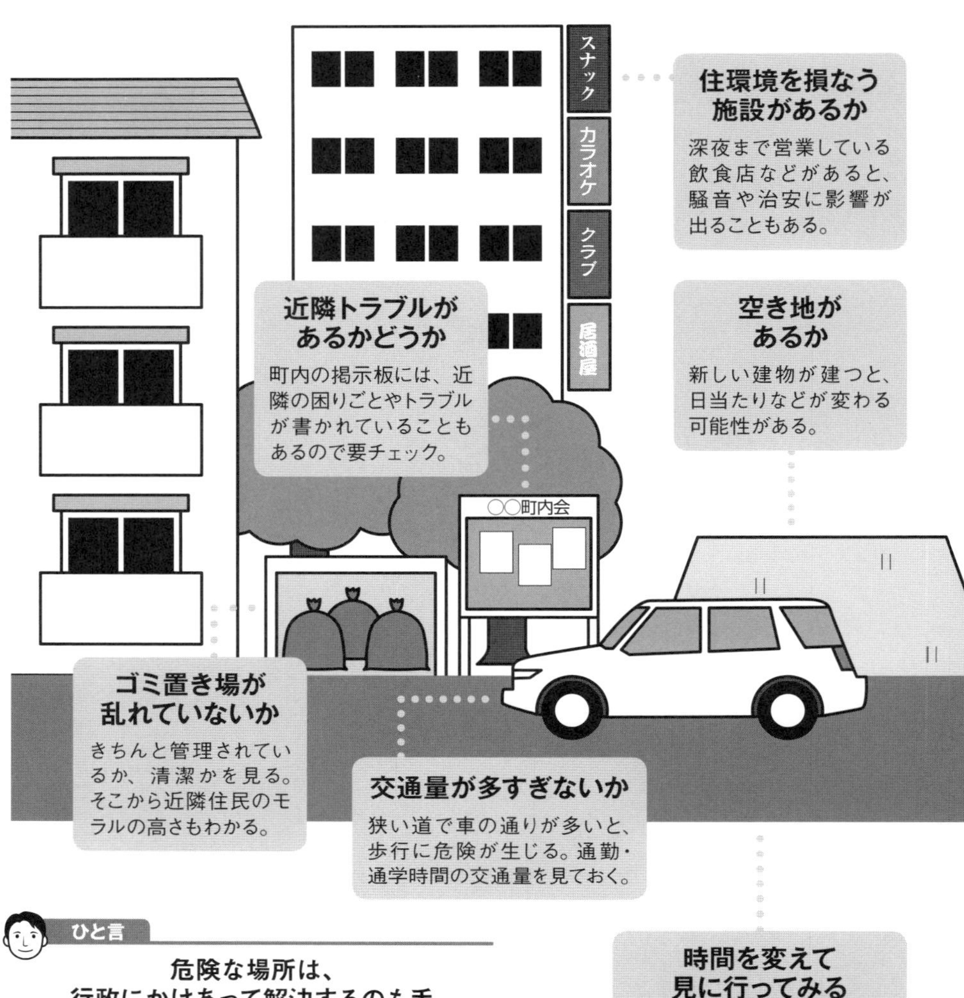

ひと言

危険な場所は、行政にかけあって解決するのも手

私自身の体験です。不動産を購入する際、通学路の歩道橋の手すりが低すぎて、子どもには危険だと感じました。行政に話すと、すぐに手すりを補修し、高くしてくれたのです。安全は人任せにせず、自分でつくることが大前提。まずは地域を点検し、変えてほしいところがあれば、自分で動いてみましょう。行政も応えてくれるはずです。

開発計画

都市計画や空き地の利用で街がどう変わるか想定する

日当たりがいいと思って買っても、高い家が建って日陰になったり、視界が遮られてしまうことがあります。隣に空き地や駐車場、古い建物がある場合などに多いでしょう。周辺環境がどう変化する可能性があるか、知っておくことが大切です。

基本的には不動産会社に聞いてみること。周辺の住宅の所有者のことなどを知っています。

行政のホームページにも、都市計画図が公開されています。さらに、具体的な開発計画がなくても、都市計画法の定める用途地域を見れば、どんな建物が建てられるか、ある程度わかり、一見の価値があります。

空き地の開発で住環境が変わることも

空き地に建物が建ち、日当たりや眺望が変わる

建物が建っていない土地は、開発計画があり建物が建つことも。所有者が高齢の場合は相続の動向もつかんでおくと今後のことがわかる。

- 不動産会社に聞く
- 近隣の人に聞く
- 掲示板や看板を見る
- 行政のホームページを見る

「用途地域」の境目に注意する

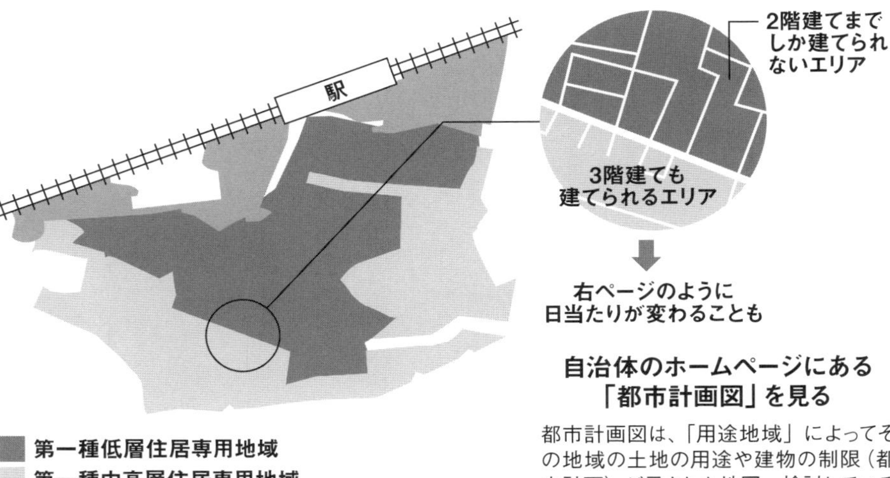

参考：世田谷区都市計画図（世田谷地域）

自治体のホームページにある「都市計画図」を見る

都市計画図は、「用途地域」によってその地域の土地の用途や建物の制限（都市計画）が示された地図。検討している地域の特性や、今後の可能性がわかる。

用途地域の例

用途	性質	特徴
第一種低層住居専用地域	低層住宅地の良好な住居の環境を保護する。	住宅や学校、その他公益上必要な施設などが建てられる。閑静な住宅街に多い。
第一種中高層住居専用地域	中高層住宅地の良好な住居の環境を保護する。	上記のほか、病院、500㎡以下の小規模の商店などが建てられる。比較的落ち着いている。
第二種中高層住居専用地域	中高層住宅地の良好な住居の環境を保護しつつ、中規模店舗等の立地を認める。	上記のほか、1500㎡以内の中規模の店舗が建てられる。人の往来が多くなることもある。
第一種住居地域	住居の環境を保護する。	上記のほか、ボウリング場やホテルなどの施設も建てられる。騒音や人の往来が気になることも。
第二種住居地域	住居と店舗・事務所などの併存を図りつつ、主として住居の環境を保護する。	上記のほか、3000㎡超の店舗、パチンコ店やカラオケボックスも建てられる。騒音や人の往来が気になることも。
近隣商業地域	近隣の住宅地の住民に対する日用品供給を主とする商業などの利便を増進する。	上記のほか、200㎡以内の劇場・映画館などが建てられる。商業目的の建物が比較的多くなる。
商業地域	主として商業などの利便を増進する。	上記のほか、風俗店や料理店などが建てられる。子育て家庭には向かない地域。
準工業地域	主として環境の悪化をもたらすおそれのない工業の利便を増進する。	上記のほか、150㎡超の工場も建てられる。住宅はあまり建っていない。

地盤の安全性

自治体発行の「ハザードマップ」で災害時の安全性を確認する

災害対策で大事なのは「どこに住むか」。何より地盤の安全な場所を選ぶことです。国や自治体の公表する資料を見て調べてみましょう。

科学的研究に基づいた地震のリスクは、防災科学技術研究所の運用するJ-SHISで詳細なデータが見られます。また国土交通省ハザードマップポータルサイトでは、津波や洪水、土砂災害のリスクを公表。このサイトは各自治体の実用的な情報が得られます。地域の安全性を知るために、確認しておきましょう。

地名から土地の性質がわかることもあります。ハザードマップと併せて調べるのもおすすめです。

ハザードマップはインターネットで入手できるんだ。物件見学の前にチェックしておこう

防災情報がわかるサイトの例

閲覧先	情報	概要
J-SHIS 地震ハザードステーション	地震	国立研究開発法人防災科学技術研究所が、地震に関する膨大なデータを集めて公開している。地震の危険性や活断層についての情報を閲覧できる。 http://www.j-shis.bosai.go.jp/
国土交通省ハザードマップポータルサイト	地震・その他災害	国土交通省のポータルサイトから、各自治体のハザードマップが検索できる。ある地点の災害リスクを横断的に調べたり、さまざまな情報を1つの地図上に表したりできる。 https://disaportal.gsi.go.jp/
各自治体の公式ホームページ	地震・その他災害	ハザードマップ（地震・洪水・火災など）を閲覧できる。避難所や災害対策の情報を閲覧できる。

上記は例。2018年4月現在。

ハザードマップで危険度や避難情報を知る

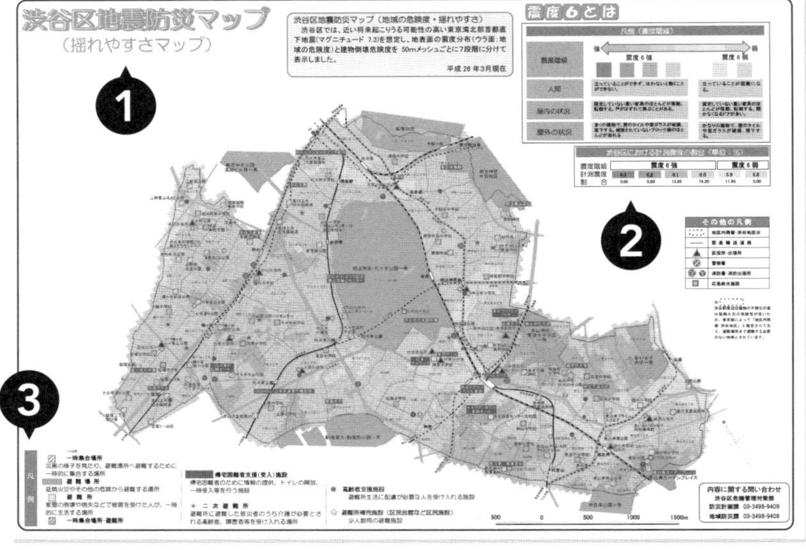

❶ 自治体により形式などが異なる

防災地図、地震ハザードマップなど、さまざまな呼び名がある。ほかにも洪水や火災の危険性を表す地図がある自治体もある。

❷ 危険度によって色分けされている

地盤の揺れやすさや災害危険度が、レベルによって色分けされて表されている。

❸ 避難場所がわかる

緊急時の避難場所が地図上に示されている。

参考:渋谷区地震防災マップ（揺れやすさマップ）2018年4月現在。

TOPICS

地名からも、土地の脆弱性がわかる

土地の名前には、その土地の特徴が表されていることがあります。
地名に含まれる漢字から地盤の安全性をはかるヒントを得ることもできます。

地名につく漢字と土地の特徴の一例

漢字	特徴
田	かつての湿地。湿気を好むシロアリなどの被害が出やすい。
沼	かつての沼。水がたまったり、ぬかるみやすい。
窪	くぼんだ低地を表す。洪水のときなど、浸水の危険がある。
丘、山、台	高台で洪水などの危険が少ない。高級住宅街に多い漢字。

築年数

築年数から逆算し、耐震基準を満たしているかを知る

日本ではかつて、建築から20年程度で建物の価値がゼロになるといわれていました。しかし、近年は建築技術などの向上により、家の寿命は格段に延びています。今後は管理次第で、長く住める中古住宅が増えていくはずです。

そこで大切なのが、耐震基準。日本では大地震のたびに見直されています。住宅の安全性を知るには、築年数から建てられた年を逆算し、新耐震基準を満たしているかどうか確認しましょう。

2016年の熊本地震の検証によって、今後さらなる耐震基準の見直しが図られる可能性もあります。

地震のたびに見直され、強化される

1950年 建築基準法制定 → **1971年 建築基準法改正**（1968年 十勝沖地震）

初めて建物の基準ができた

1948年の福井地震（M7.1）では、空襲から復興途上の福井市でも多数の家が全壊。当時戦後最悪の死者を出し、震度7（激震）創設の契機となった。

主なポイント

- **建物の敷地、構造、設備、用途に関する最低限の基準が設けられた**
- **地震の段階に震度7が加えられた**

旧耐震基準ができた

1968年の十勝沖地震（M7.9）では、全半壊戸数約3700。耐震設計されたRC造の建築物にも被害が及んだことから、RC造柱の基準を見直し。

主なポイント

- **震度5強の揺れでも建物が倒壊しないよう基準が強化された**
- **木造住宅の基礎部分はコンクリートにするよう定められた**
- **マンションの鉄筋コンクリートを強固なものにするよう義務づけられた**

1978年
宮城県沖地震

＼マンションの最新基準／

1981年
建築基準法改正

新耐震基準ができた

1978年宮城県沖地震（M7.4）では、1階を柱だけで支えるピロティや、重心の偏った建物に大きな被害が見られたことを教訓として、新耐震基準を制定。大規模地震にも耐えうる基準とされる。

主なポイント

- **震度6強～7の揺れでも建物が倒壊しないよう基準が強化された**
- **建物の弾力性を増して、損傷しにくい構造にするよう定められた**

1982～1983年以降に建築確認を受けた物件なら満たしている。

1995年
阪神・淡路大震災

＼一戸建ての最新基準／

2000年
建築基準法改正

一戸建ての基準が強化された

1995年の阪神・淡路大震災（M7.3）で多くの木造家屋が倒壊。このため2000年に木造住宅の耐震基準を改定。地盤調査や筋交い、壁のバランスなどに耐震性強化の規定が盛り込まれた。

主なポイント

- **一戸建ての地盤調査の実施とそれに見合った基礎構造にすることが定められた**
- **壁の筋交いの接合方法が強化された**

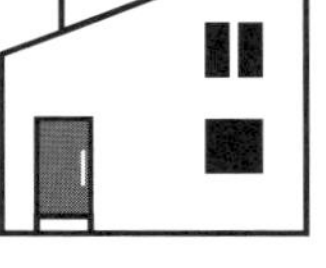

2001～2002年以降に建築確認を受けた物件なら満たしている。

2011年
東日本大震災

これからさらに変わっていく見通し

ひと言

耐震基準は1つの目安。建てる人のモラルにかかっている

2005年の姉歯建築士による耐震偽装事件は、建設会社や住民も巻き込み、大きな社会問題に。事件を機に建築士の倫理問題に対応する建築士法も改正されました。

どんなに耐震基準が厳しくても、建てるのは人。モラルが伴わなければ、絵に描いた餅です。耐震建築は人の命を守るもの。その深刻さが浮き彫りになった事件でした。

耐震構造

耐震・免震・制震の違いを知り、地震に備える

耐震建築には、「耐震」「免震」「制震」の3つの構造があります。

耐震は、建物の強度を上げて揺れに耐える構造。免震は、建物と地面の間に免震装置を入れ、揺れを伝えない構造、制震は建物に制震装置を組み込んで揺れを吸収する構造。耐震に制震や免震を組み合わせることもあります。どれが用いられるかは建物の種類などによって異なります。

また耐震性は「どこに建てたか」という地盤の問題や「工法どおりに建てたか」という建築業者の信頼性、「適正なメンテナンスがなされているか」という管理の点も重要な要素であることを忘れないでください。

「耐震」は建物の強度を上げ、人や物を守る

耐震

揺れに耐える強い構造

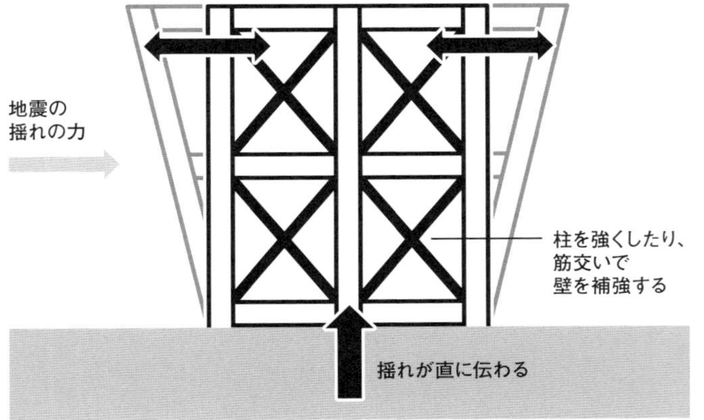

建物自体の強度を高くして、揺れに耐えて抵抗する。柱や壁にひびが入っても倒壊しにくい。衝撃が直に伝わるため、家具の倒壊リスクは高い。コストが低く、多くの建物に採用されている。

揺れの体感	免震・制震よりは大きい
建物の損傷	免震・制震よりは大きい
建築コスト	低い

壁量計算とは

地震の力に対して抵抗する耐力壁の、必要な量を知る方法。建物の床面積などによって、その必要壁量が決まる。

「免震」「制震」は、地震の揺れから建物ごと守る

免震

揺れをかわす装置

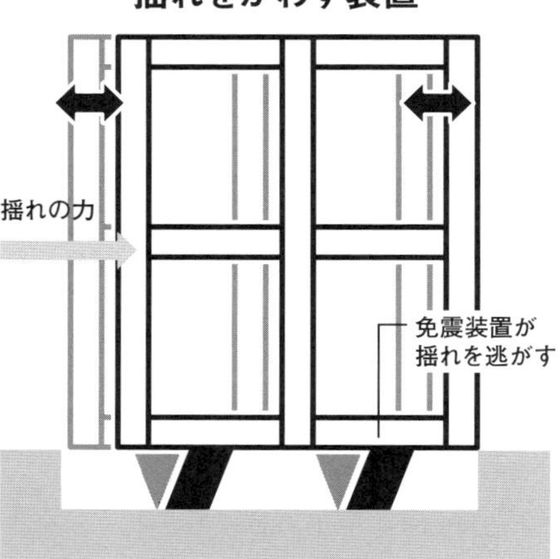

建物の下に、建物を支えるためのゴムでできた装置があり、転がったり滑ったりすることで、揺れの力を逃がす。さらに衝撃を吸収する「ダンパー」も組み込まれ、揺れを吸収して建物の動きを止める。

揺れの体感　小さい
建物の損傷　小さい
建築コスト　高い

制震

揺れを吸収する装置

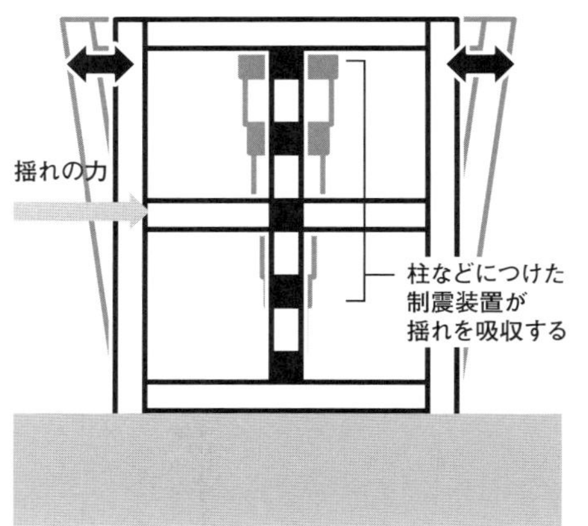

「ダンパー」という衝撃を吸収する緩衝材のような装置が柱や壁に組み込まれ、地震の揺れを吸収する。建物に弾力性をもたらし、柱や壁に衝撃が伝わりにくい。比較的、マンションなど大きな建物に多い。

揺れの体感　小さい
建物の損傷　小さい
建築コスト　免震より低く、耐震よりは高い

TOPICS

重心と剛心が近いほうが地震に強い

建物平面の中心「重心」と、水平の力に対抗する力の中心「剛心」の偏りを示すのが「偏心率」。この数値が小さい家ほどバランスがよく、安定しています。阪神・淡路大震災の検証により、2000年以降、木造家屋の偏心率は0.3以下にすると定められています。

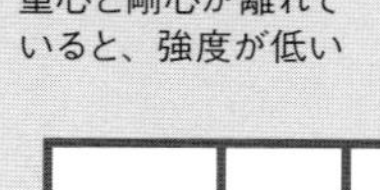

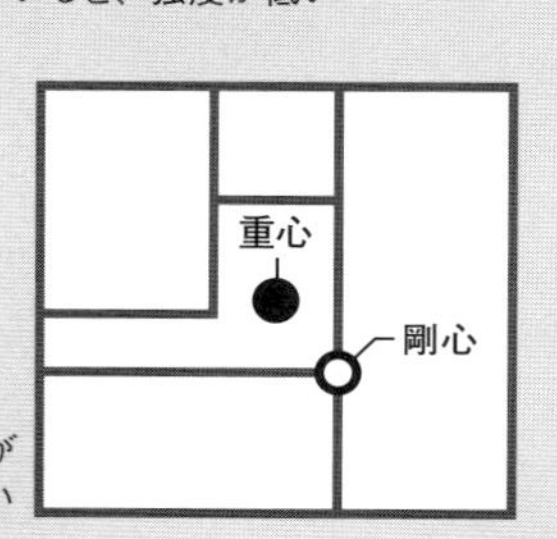

工法

工法から建物の強みと弱点を知る

一戸建ては、多くの場合木造です。柱を組み合わせた在来工法と、部品を現地で組み立てるプレハブ工法、ツーバイフォーなどがあります。

在来工法は窓が広く取れ、開放的な家が可能。間取りや増改築の自由もききます。ツーバイフォーは耐震・断熱性に優れる一方、間取りの変更や窓の大きさには制限も。耐震性が高いと、一方で間取りの可変性や外観のおしゃれさがなくなるなど、それぞれ一長一短です。

マンションは、鉄骨もしくは鉄筋コンクリート。強度が上がるほど、コストも高くなります。工法の特徴を知り、家選びにいかしましょう。

工法ごとのメリット・デメリット

一戸建て

木造

土台・柱・梁・筋交い・壁などの骨組みが木材でできている工法。日本の住宅のうち半数以上を占める。木造住宅の中でも、さまざまな工法がある（下記）。

メリット

- 建築費用が安い
- 在来工法ならリフォームがしやすい
- 温かみのある仕上がりになる

デメリット

- 耐震性、耐火性が低い
- 湿気や洪水などの自然災害や、虫害によって劣化しやすい
- 職人によって完成度がさまざま

ツーバイフォー工法

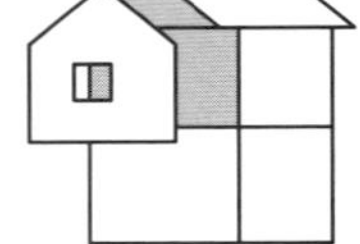

2×4インチの枠に板を貼り付けてパネルを組み合わせる。強度が増すが窓は小さくリフォームしにくい。

プレハブ工法

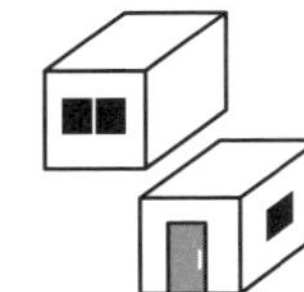

工場でつくられた部品を現場で組み立てる。コストが安く、品質も安定的。鉄鋼系、コンクリート系などがある。

在来工法

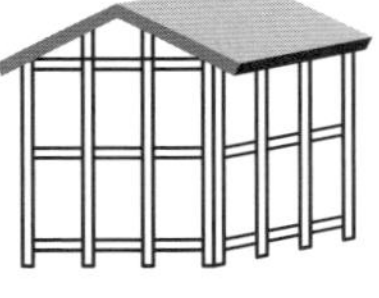

木造軸組工法ともいう。柱と梁を組み、壁に筋交いを入れる。柱と梁以外はリフォームが可能。

マンション

SRC（鉄骨鉄筋コンクリート）

鉄骨でできた柱や梁に、鉄筋コンクリートを合わせて建てる。丈夫な鉄骨と鉄筋コンクリートを組み合わせているため、耐震性が高い。

メリット

- **耐震性、耐火性、機密性、防音性に優れている**
- **強度が高いので、柱や梁を最低限にして広い空間をつくれる**

デメリット

- **建築費用が高くなる**
- **リフォームや増改築、解体が難しい**

RC（鉄筋コンクリート）

鉄のまわりをコンクリートで覆って補強した建材を使う。引っ張りや圧縮などの外部圧力に強い。強度が高く、機密性や防音性もある。

メリット

- **耐震性、耐火性に優れている**
- **機密性、防音性がある**

デメリット

- **建物の重量が増すため、地盤が弱いと沈下することもある**
- **リフォームや増改築、解体が難しい**

鉄骨

土台・柱・梁・筋交い・壁などの骨組みが鉄骨でできている。木造としくみは同じだが、鉄の粘り強い性質で、建物の強度を増す。

メリット

- **建物の強度や品質が安定する**
- **耐震性に優れている**
- **丈夫なので広い空間がつくれる**

デメリット

- **木造のように吸湿性がないので、湿気が逃げていかない**
- **部品が規格化されていることが多く、リフォームの自由はあまりない**

ラーメン構造

梁や柱（鉄骨や鉄筋コンクリートの骨組み）を、溶接して固めて支える。

壁式構造

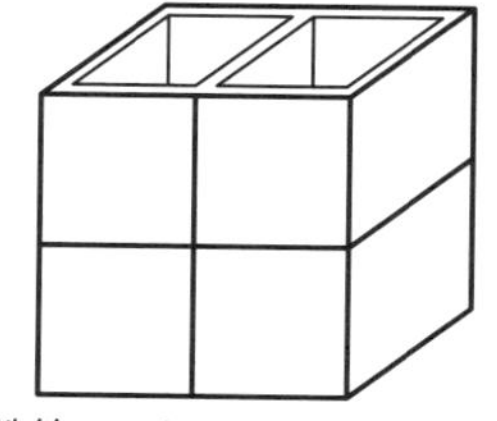
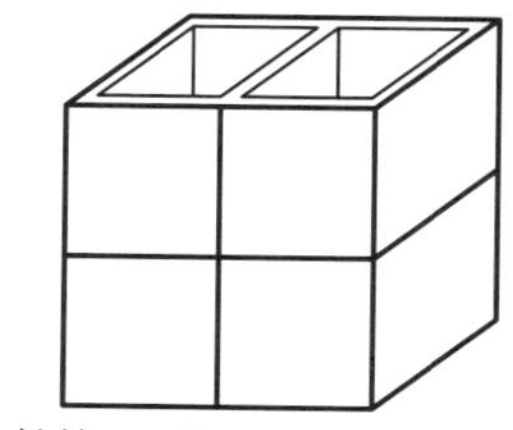

鉄筋コンクリートでできた壁で建物を構成する工法。柱や梁がないため、広い空間をつくれる。面で建物を支えるため荷重が分散され、耐震性が高い。

TOPICS

スレート屋根と瓦屋根

屋根の材質には、軽くて安価なスレート・コロニアルと昔ながらの瓦があります。前者は約10年で塗装、20～25年で葺き替えが必要です。一方、丈夫な瓦屋根は初期費用は高くても、安い維持費で長持ちします。

外観

デザインだけでなく、機能性をチェックする

物件見学の際には、まず外観をチェック。美観だけにとらわれずに、機能面から見る目が大切です。

たとえば、通りから部屋が丸見えではないか、防犯上問題はないか。フェンスの位置や隣家との境界標があるかどうかも見ておきましょう。

屋根や家の形によっては、雨もりしやすい家もあります。外壁にひび割れが見つかることもあります。

機能面が弱い家は、よりいっそう防犯対策が必要になるほか、傷みが早く、メンテナンスに手間がかかります。自分がその家の住人になったつもりで、暮らし始めた後のことをシミュレーションしてください。

外観のチェックポイント

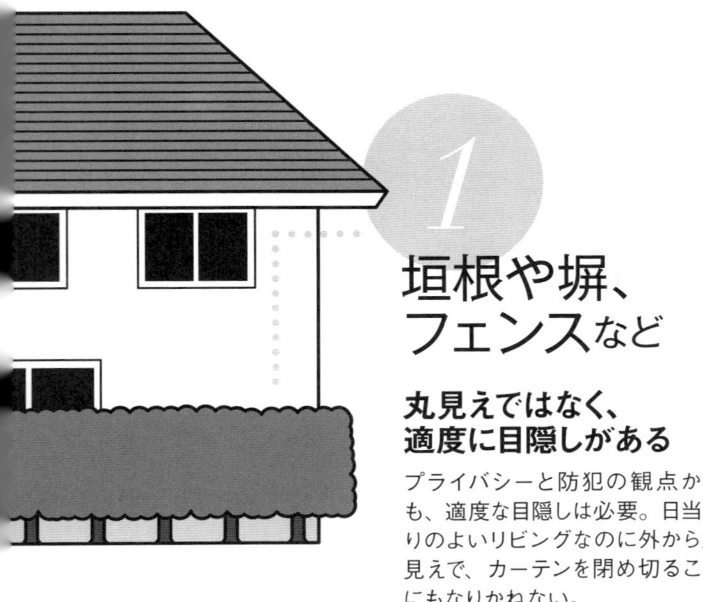

1 垣根や塀、フェンスなど

丸見えではなく、適度に目隠しがある

プライバシーと防犯の観点からも、適度な目隠しは必要。日当たりのよいリビングなのに外から丸見えで、カーテンを閉め切ることにもなりかねない。

2 屋根ののきの長さ

のきが短いと、雨もりしやすい

屋根や外壁の継ぎ目からは雨もりしやすい。土地が狭くてのきが短い家などは、雨が吹き込んで雨もりしやすくなる。

3 土台、外壁のひび割れ

0.3ミリ以上のひび割れに注意

0.3ミリ以下なら「ヘアーラック」という塗膜のみのひびといわれ、この時点なら塗装で対応できるが、それ以上のひびは構造部分にまで及んでいる可能性が高い。いずれにしても早期に業者に依頼し、補修してもらう必要がある。

〈ひび割れの原因の例〉

- コンクリートの収縮
- 気温の変化
- 地盤沈下
- 地震
- 施工不良
- コンクリートの劣化

カースペースがある場合は自分の車が難なく入るかチェック

車高や車幅に制限のある駐車スペースも多い。今乗っている車はもちろん、大きな車に買い替える予定があれば、必ず確認する。

間取り

家族の人数やライフスタイルに応じた間取りを吟味する

間取りの決め手となるポイント

〈一戸建て〉

Point ❶
日当たりのよいリビング
南向きに窓があるリビング。家族が集まる団らんの場所は明るく健康的で過ごしやすい空間がいい。

Point ❷
玄関・廊下は十分な広さがある
将来親と同居する際、靴などの収納場所が広いほうがいい。車椅子生活になったときのため、廊下の広さも必要。

間取りで大切なのは、生活動線。家族の食事や洗面、入浴などの行動や、家事の動きの効率を検証します。

朝の忙しい時間に動線が入り乱れたり狭かったりすると、家族がぶつかり合ってイライラが募ることに。洗濯動線が長すぎると、日々の洗濯だけで大きなストレスがたまります。

また、長く住み続けるには、家族の変化も考慮し、可変性のある間取りを選びたいものです。ただし、水回りだけは後から動かすのが大変ですから、慎重に吟味しなくてはいけません。高齢になって、寝室とトイレが別の階にあったりすると、不便を感じる人も多いようです。

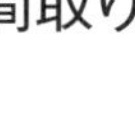

将来、親と住むことを考えて、廊下やリビングが広い物件を選んだ

Aさん（会社員、40歳）

将来、親との同居を考えています。収納場所が多いこと、またいずれバリアフリーにリフォームし、介護することまで想定し、玄関や廊下が広い物件を探しました。

Point ❸

水回りの位置がまとまっている

浴室、洗面室、トイレなどの水回りがまとまっていると、配管が短く、水音による騒音を軽減できる。

水回りのリフォームには多額の費用がかかります。最初に位置を確認しておきましょう

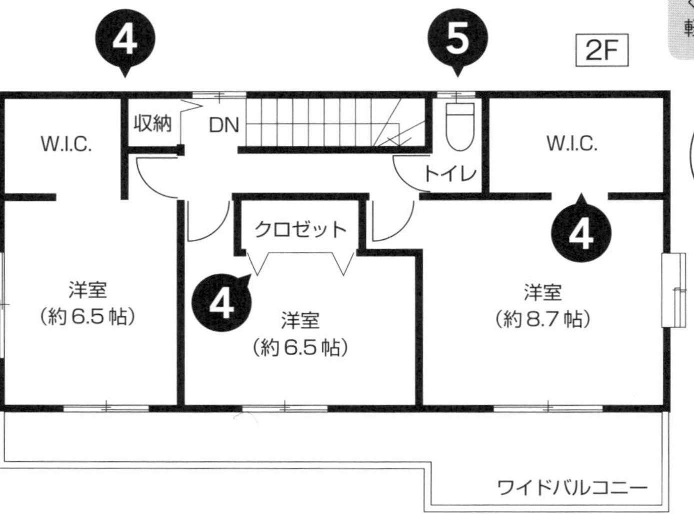

Point ❺

寝室のある階にトイレもある

ほかの階に行かずにトイレに行くことができる。高齢者や幼い子どもとの暮らしには寝室の階にあるほうがいい。

Point ❹

収納場所が十分にある

親との同居によって居住人数が増えたときのために、収納スペースはできるだけ多いほうがいい。

〈 マンション 〉

N

洋室（約5.7帖）
洋室（約6.0帖）
キッチン（約4.0帖）
クローク
吊戸棚
物入
玄関
収納
下足入
洗面室
棚
PS
浴室
押入
吹抜
MB

Point ❶

似た条件の居室がある

似たつくりの部屋が2つあれば、たとえば2人子どもがいる場合、公平に部屋を与えることができる。

Point ❷

収納が各部屋に十分にある

それぞれの部屋に十分な収納スペースがあれば、廊下やリビングにまで荷物が侵出するのを避けられる。

Point ❸

玄関から直接部屋が見えない

玄関を出入りする際に部屋が丸見えにならない位置にあれば、プライバシーを守ることができる。

間仕切りで広さを変えられて、使い勝手のよい物件を選んだ

Bさん（会社員、37歳）

妻と、3歳の長女と0歳の長男の4人家族。子育てのしやすさはもちろん、子どもが巣立った後、夫婦でも暮らしやすい、可変性の高い間取りにこだわりました。

Point ❹

キッチンへの動線が2箇所ある

廊下とリビングダイニングの2箇所から、キッチンに出入りできる。2箇所の動線が確保されていると使いやすい。

Point ❺

可動式の間仕切りがある

来客時に広くできて使い勝手がよい。また高齢になったとき、リフォームしやすい。

Point ❻

バルコニーが広い

リビングに面した、南向きで、眺望のよい広いバルコニー。日当たりがよく、洗濯物を干しやすい。

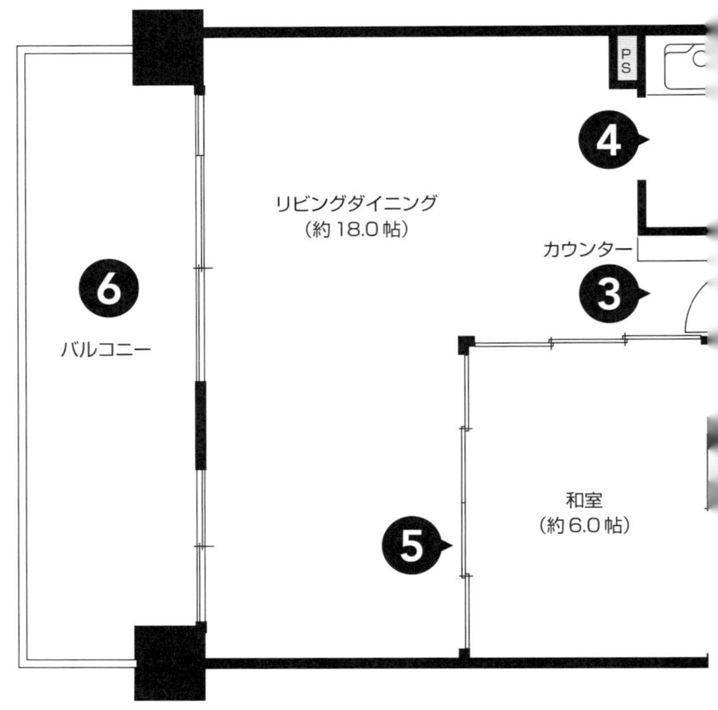

ひと言

南向きがよいとは限らない。自分の生活をイメージして決める

南向きの家が人気は高いのですが、朝日が入る家がいいとか、夕日を眺めて1日を終えたいという人もいるでしょう。日差し1つとっても、自分の生活をよくイメージし、時間帯を変えて、実際に物件に何度か足を運んでみるといいでしょう。

広さ

畳数ではなく、平米数とレイアウトを重視する

一般に、部屋の広さは畳数で示されます。けれども畳にはいろいろなサイズがあり、同じ6畳でも広さはまちまち。マンションに多い団地間の6畳は、京間だと5畳弱。6畳と書くと広く感じさせられるので、広告では団地間の畳数で書かれている場合もあります。畳数だけでなく平米数も確認しなければ、正確な広さはわかりません。

部屋を見るときのもう1つのポイントは、機能性。畳数を確保することを優先したために、使い勝手が悪くなっている部屋もあります。物件見学では、家具の配置や収納をシミュレーションしてみてください。

広さと使いやすさは比例しない

〈 狭いが使いやすい部屋 〉

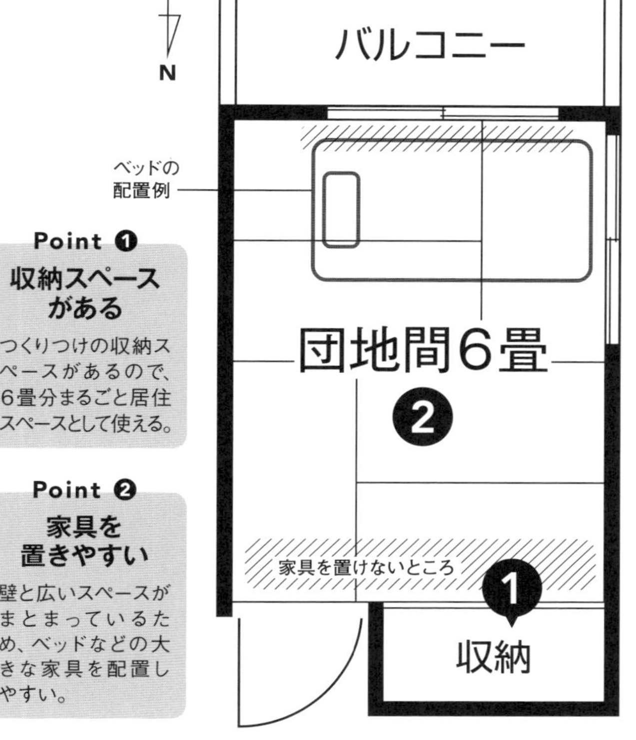

Point ❶ 収納スペースがある

つくりつけの収納スペースがあるので、6畳分まるごと居住スペースとして使える。

Point ❷ 家具を置きやすい

壁と広いスペースがまとまっているため、ベッドなどの大きな家具を配置しやすい。

〈 明るくて広いが使いにくい部屋 〉

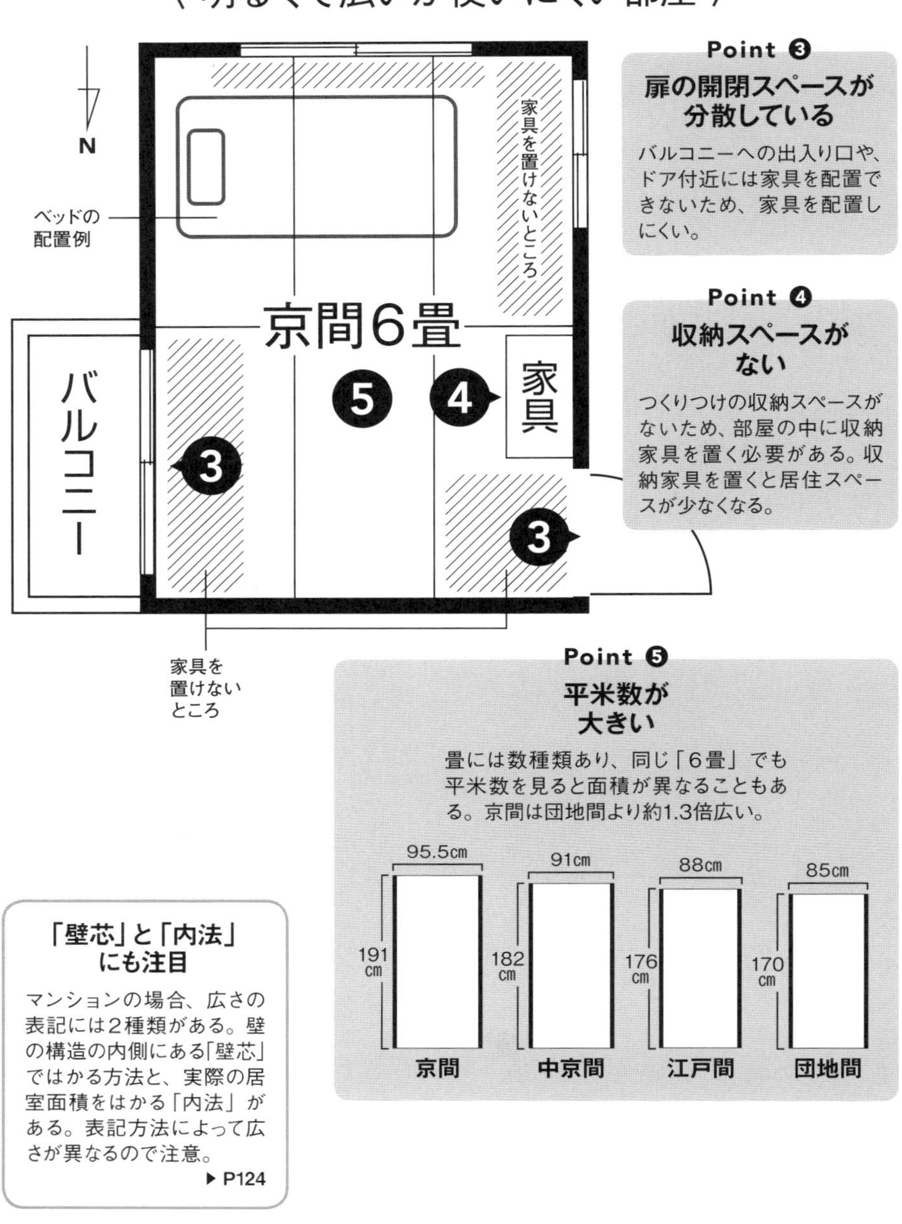

Point ❸

扉の開閉スペースが分散している

バルコニーへの出入り口や、ドア付近には家具を配置できないため、家具を配置しにくい。

Point ❹

収納スペースがない

つくりつけの収納スペースがないため、部屋の中に収納家具を置く必要がある。収納家具を置くと居住スペースが少なくなる。

Point ❺

平米数が大きい

畳には数種類あり、同じ「6畳」でも平米数を見ると面積が異なることもある。京間は団地間より約1.3倍広い。

「壁芯」と「内法」にも注目

マンションの場合、広さの表記には2種類がある。壁の構造の内側にある「壁芯」ではかる方法と、実際の居室面積をはかる「内法」がある。表記方法によって広さが異なるので注意。

▶ P124

内観・眺望など

目視に勝るものはない。実物・似た物件で内観と眺望をチェック

現地を確認しなければ、住み心地はイメージできません。

完成前のマンションなどで実物が見られないなら、似た物件で確かめます。眺望を見るには、近くのマンションの同じ階にのぼってみます。部屋の内部の雰囲気を知るには、同じ業者が施工したほかの物件を紹介してもらい、見てみるといいでしょう。

ポイントは、平面的な広さだけではわからない、天井の高さや採光・風通しを体感することです。今使っている家具を配置したとき、どんな部屋になるのかを頭の中で描いてみることが、賢い家選びのカギです。

平面図でわからないところをチェックする

1 リビングからの眺望

上階で眺望がいいと思って買ったのに、隣のビルから丸見えで、リビングのカーテンは一日中閉めっぱなし……という例も。同じ高さの眺望を、必ず自分の目でチェックする。

マンションは隣の建物の同階から見てみても

2 窓の大きさや位置、開閉

窓の大きさや位置によって、採光量や風通しはまったく異なる。部屋の雰囲気ががらりと違うことも。実際の物件が見られなくても、同タイプの部屋でチェックしておきたい。開閉して歪みがないかも確認。

採光量や使い方が違う

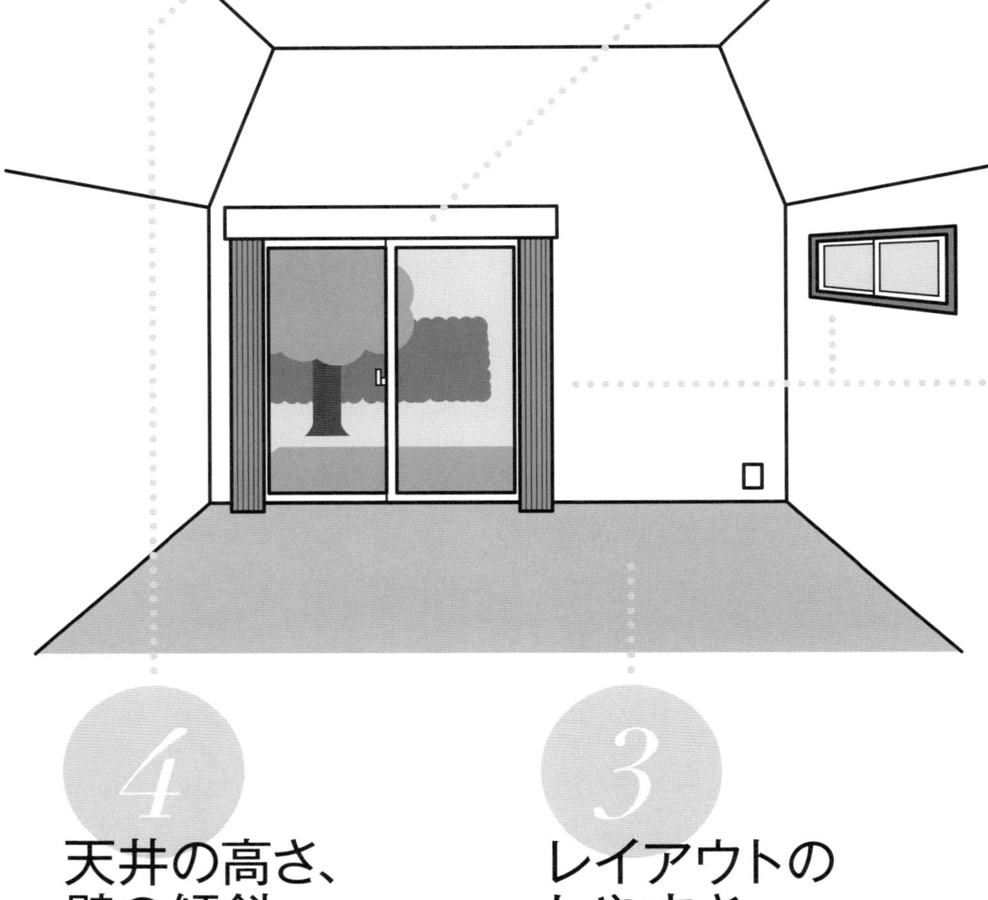

4 天井の高さ、壁の傾斜

天井の高さや梁のでっぱり、傾斜によっては、圧迫感があって部屋が狭く感じられることもある。背の高い家具が入らないおそれも。平面図でわからない、天井の高さや梁などの凹凸の大きさも確かめておく。

3 レイアウトのしやすさ

モデルルームは、広く見せるような家具の配置がされているのであてにならない。自分の手持ちの家具のサイズをはかっておき、柱のでっぱりや窓の位置、ドアからの視線や動線をシミュレーションしておさまり具合を検証。

避難経路

災害に備え、避難経路・設備をチェックする

火事や地震など災害に対する備えは、家族全員で必ず確認し、必要に応じて補うようにしましょう。

一戸建ての場合、2～3階から地上に避難できるか。避難経路の確認、避難はしごや消火器の準備も欠かせません。

近年、マンションでは防災用品の備蓄や防災機能を高めた物件も増えていますが、個別に何を準備する必要があるのか、入居前に確認します。マンションは電気に頼る部分が大きく、停電するとエレベーターも水道も使えません。

家族を守るためには、建物の耐震性だけでなく、災害対策が必須です。

足りない設備は自分で準備して補う

〈 一戸建て 〉

3階建て以上なら避難はしごなどを用意

足で逃げられるルートがなかったり、3階建て以上の場合は、避難はしごや救助袋などを用意しておく。

玄関以外、2方向以上のルートで逃げられる

大きな窓や裏玄関など、玄関以外のルートを使い、家の前の道路以外のルートからも逃げられるかどうかを見る。

〈 マンション 〉

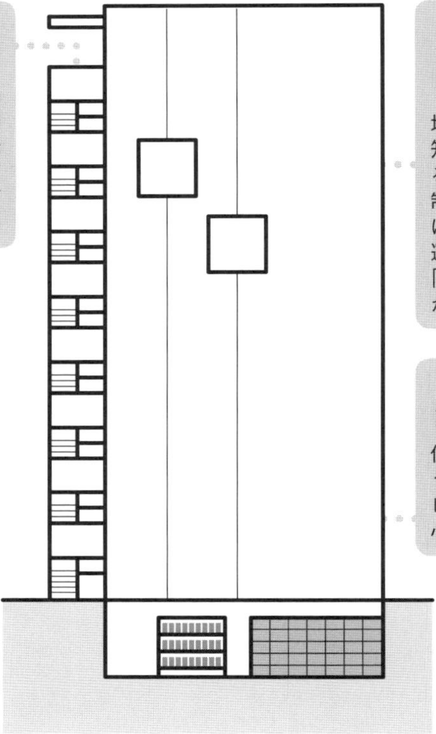

非常階段などの設備がある

避難用の非常階段がある。高層マンションの場合は、ロープで地上に降りる緩降機や、筒状のすべり台のような救助袋があることも。

エレベーターに地震時のための機能がある

地震の初期の揺れを感知して閉じ込めを防止する「P波感知型地震時管制運転装置」や、停電時に自動で最寄りの階まで運転して、乗客を降ろす「停電時自動着床装置」がついていると望ましい。

簡易トイレや食料の備蓄がある

住人が数日間暮らせるように水や食料、簡易トイレを備蓄していると安心。

TOPICS

災害対策を自治体に認定されたマンションもある

災害対策に力を入れ、独自に防災強化の工夫をしているマンションが増えてきています。

また、管理組合主導で防災マニュアルをつくる、避難訓練を行うなど、ある一定の要件を満たすと、防災対策優良マンションとして自治体が認定する制度があります。東京都中央区の例を見ると、認定マンションには防災用具の支給を受けられるなどのメリットがあり、さらに災害対策が強化されるしくみになっています。

〈災害対策の例〉

- 水や食料の備蓄
- 防災マニュアルの作成
- 高層階の住民が低層階に避難できるスペースの設置
- 炊き出しができるかまどの設置
- 防災井戸の設置

見学と実際の違い

物件見学では、内装や設備にとらわれずに基本構造を見る

室内がしゃれたインテリアで飾られていて、思わず住みたくなることがあります。多くの場合は、ホームステージングといって、魅力的な演出がなされているのです。

しかし、内覧をするときに大切なのは、「変えられないもの」を見る目。たとえば、水回りに多少汚れがあったり、設備が古かったりしても、リフォームをすれば変えることができます。ところが窓や柱、階段の位置など、建物の構造に関わるところは、簡単には変えられません。

長く住める家を探すには、目先のイメージに惑わされず、家のもつ「変わらない価値」を見極めましょう。

見栄よく演出されていることもある

ホームステージング

売り出し物件に、実際の生活をイメージしやすくするために家具などを配置すること。理想の暮らしをイメージできる反面、実用性のない家具の場合もあるので注意。

生活をイメージさせる

家具のほかにも小物などが配置されている。適度な生活感が出て、具体的な生活をイメージしやすいようにされている。

インテリアで空間を演出

空室だと殺風景で生活がイメージしにくいので、インテリアコーディネートされる。置いてある家具は、実用性よりもその部屋を“演出”するもの。自分の手持ちの家具を新居で使う場合は、イメージと異なったり、配置できないこともあるので注意。

簡単に変えられないところを重点的に見る

新築なら将来の増改築やリフォームを、中古なら購入後のリフォームを想定してチェックする。リフォームで簡単に変えられない部分を優先して検討し、物件を選ぶ。

変わりにくい、変えにくい

購入時によく見て
おくべきポイントです

リフォームしようとすると、大掛かり

価値に普遍性があり時代を経ても変わりにくいものや、変えるときに費用や手間がかかるものは、検討時の優先順位を高くする。

間取りを決める基本構造

ツーバイフォーや鉄筋コンクリートよりも木造の在来工法のほうが、リフォーム時に間取りを変えやすい。ただし、柱や梁の位置は簡単に変えられないので重点的に見ておく。

水回り、階段の位置

キッチン、お風呂、トイレなどの移動は、配管の工事も伴うため、工事が大掛かりになる。それだけ費用や手間もかかる。

変わりやすい、変えやすい

購入時にそこまで
こだわらなくてOK

リフォームや設備機器の交換で変えられる

時代によって価値が変わりやすいものや、簡単な工事で変えられるものは、検討時の優先順位を低くする。

コンセントの位置や、内装が気に入らない

壁紙を張り替えたり、コンセントの位置を変えることは、リフォームするときに比較的少ない費用や手間でできる。

つくりつけの家電や設備

食器洗浄機や、風呂の給湯設備などは、最新式のものでもすぐに型落ちになる。機能もそれほど変わらないことが多い上に、後から買い換えることも可能。

住宅診断

プロに家を診断してもらう ホームインスペクションが安心

欧米では住宅市場の7割以上が中古ですが、日本ではわずか2割程度。日本人が割高な新築を選ぶ背景には、中古への漠然とした不安やイメージの悪さがあります。

心理的障壁となっているのが、①耐震性など安全面での不安 ②古くて汚いイメージ ③どんな建物かわからないという不信感、など。

現在、住宅業界では一定の基準を設けることによって、これらの障壁を取り除こうと努めています。たとえば耐震性では、新耐震基準を満たしているか。汚いというイメージには、リフォーム基準の設定、建物に対する不信感払拭には、ホームイン

専門家が家の安全性を細かく見る

ホームインスペクション

住宅診断、住宅検査などとも呼ばれる。住宅に精通した専門家が、屋根、外壁、室内、住宅の見えない部分（床下や屋根裏など）を、主に目視で検査して住宅の安全性を調べること。住宅の欠陥の有無、改修すべき場所やその内容がわかる。

- □ 家の基礎、地盤に問題がないか
- □ 床下、屋根裏に水もれや腐食がないか
- □ 外壁に構造に関わる大きな亀裂がないか
- □ 防音・断熱材の性能は十分にあるか
- □ 風呂やトイレなどの設備機器の状態

メリット

- ● 欠陥住宅を買わずに済む
- ● 今後の家のメンテナンス計画を立てられる
- ● 売却するとき、家の状態を根拠を示して買主に知らせることができ、売れやすくなる
- ● ホームインスペクションの結果を、住宅履歴情報として残しておける
- ● 資格者が行うと、瑕疵を保証する瑕疵担保責任保険に入れるようになる

インスペクションの問い合わせ先

一般社団法人 住宅瑕疵担保責任保険協会

http://www.kashihoken.or.jp/

住宅瑕疵担保責任保険を扱う会社5社によって運営されている協会。主に、住宅の売買時に住宅瑕疵担保責任保険に加入する条件を満たすために、安全性を保証する目的で住宅診断を行う。講習実施機関のホームページから、資格保有者を検索できる。

発行資格

既存住宅状況調査技術者

2018年4月に施行された改正宅建業法に対応した資格。建物状況調査の結果の概要の報告を行う。

※2013年国土交通省「既存住宅インスペクション・ガイドライン」に準拠した「既存住宅現況検査技術者」という資格もある。こちらは主にリフォーム前の現況を調べることが目的。保険に加入するときにはこの資格者による検査が必要。

NPO法人 日本ホームインスペクターズ協会

https://www.jshi.org/

買主が安心して住宅を購入できるよう、欠陥の有無などを診断する専門家を育成。住宅流通の透明化・活性化を促すことを目的として2008年に設立された。公認ホームインスペクターの資格試験・研修や、消費者への公開、建物知識の普及活動を行う。公認ホームインスペクターを検索できる。

発行資格

JSHI公認ホームインスペクター

建築・不動産取引・住宅診断方法などの一定以上の知識、高い倫理観を有することを示すための資格。協会の試験に合格、認定会員登録している個人の民間資格。

スペクションの促進です。

ホームインスペクションとは、アメリカでは数十年前から常識の建築診断。アメリカでは、物件を自ら確認するのは当然ですが、日本では「情報は与えられるもの」という姿勢が根強く、建物を検査する人は、あまりいません。そこで住宅業界自ら情報を開示し、中古住宅の不信感払拭に努めようとしているのです。

2018年改正宅建業法では、建物状況調査（インスペクション）の斡旋（あっせん）の可否や有無を明示することが義務化。さらに設計・修繕履歴をストックする住宅履歴情報の保存も整備されつつあります。

住宅履歴情報で不明な部分はホームインスペクションを行うことで明らかにでき、中古住宅の情報開示は大幅に改善されると考えられます。良質の中古物件が多数流通すると、選択肢も広がっていくことでしょう。

住宅履歴情報

住宅の点検記録「住宅履歴情報」が整備される

注文住宅では、住宅メーカーの長期保証制度などもあり、設計図書や修繕記録が保存されていますが、一般の分譲住宅では、所有者が記録を保存するしかありません。

このため、設計や修繕などの情報が残されていない物件も多く、中古住宅への不信感につながっています。

そこで現在、「住宅履歴情報（いえかるて）」という、家の設計・施工や修繕の記録を蓄積するシステムが整備されています。所有者が住宅履歴情報サービス機関を通して家の情報を登録すると、住宅履歴情報蓄積・活用推進協議会が共通ＩＤを発行。ＩＤを使えばスマホやパソコン

それぞれの住宅にIDがわりふられる

一般社団法人住宅履歴情報蓄積・活用推進協議会

- もともと国土交通省で検討された委員会が一般社団法人に移行されたもので、全国に唯一の団体。
- 一戸の住宅に1つの「共通ID」を配布する。

情報サービス機関

住宅履歴情報蓄積・活用推進協議会の会員で構成される。住宅履歴情報の蓄積・活用を支援する。共通IDの配布を受け、住宅事業者（ハウスメーカーなど）や住宅所有者に共通IDを発行する。

住宅事業者、住宅所有者

住宅の所有者は、住宅事業者、不動産会社、リフォーム会社などを通じて、情報サービス機関より共通IDを受け取る。

共通IDで、異なる出どころの情報を一元管理できる

A住宅の所有者

情報管理を委託

情報サービス機関

共通IDによってA住宅の情報を集約

共通ID　A住宅のいえかるて

異なる時期に行われた修繕工事や、複数の業者に頼んだ設備の修理を、共通IDのデータベースで管理する。

維持保全
- 住宅・設備のメンテナンス
- 耐震補強工事
- リフォーム　など

評価・モニタリング
- 耐震診断
- ホームインスペクション
- 既存性能評価　など

エネルギー供給
- 電気・ガスの供給　など

住宅供給
- ハウスメーカー、工務店の記録
- 設計事務所の記録
- 設備メーカーの記録　など

その他
- 家電・家具など耐久消費財の購入
- 銀行・カード・保険・証券など、住宅の購入に伴うお金の動き　など

から家の情報が得られるので、資材や設備機器交換の状況もわかり、メンテナンスがスムーズになります。所有者は、リフォームや修繕の情報を送り、履歴を更新します。

ただし、現在の中古物件には記録が不備なものが多く、履歴不明とされる部分もたくさんあるのが実情。このため、家の診断を行うホームインスペクションの併用も、同時に促進されています。家の情報が明らかになれば、中古でも信頼性が高まって価値が上がることが期待されます。

住宅履歴情報は、国の基準により各行政庁が認定する長期優良住宅の要件の1つになっているほか、新たな国の基準「安心R住宅」（P102）でも必要となります。新築でも、購入した瞬間に中古住宅。マイホームの価値を落とさないためには、家の履歴情報を管理することが欠かせません。

住宅の
情報公開

「安心R住宅」など住宅の価値を知るための指針がある

中古住宅に関する情報開示を促進する制度

2018年4月開始
安心の中古住宅

安心R住宅

消費者が安心して中古住宅を購入するための、基本的な（最低限の）要件を備えた住宅について、国が定めた標章（安心R住宅）が付与される制度。

R・・・・Reuse、Reform、Renovation

〈要件〉

- **耐震性がある（1981年6月1日以降に建築確認を受けた建物、もしくはそれ以外で耐震補強が行われたもの）。**
- **既存住宅売買瑕疵保険を締結するための検査基準に適合している。**
- **リフォームされている、もしくは予算を含むリフォーム計画がある。**
- **外装、主たる内装、水回り（キッチン、風呂、トイレ、洗面所）の現況の写真がある。**
- **下記の情報が開示されている。**

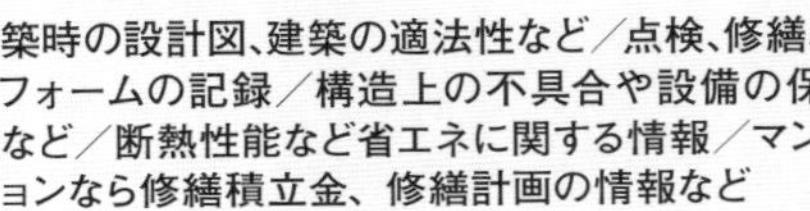

新築時の設計図、建築の適法性など／点検、修繕、リフォームの記録／構造上の不具合や設備の保証など／断熱性能など省エネに関する情報／マンションなら修繕積立金、修繕計画の情報など

一般の人にとって、質のよい家かどうかの見極めは難しいもの。そこで国土交通省では2009年に長期優良住宅制度を設け、長期にわたって良好な状態で使用できる家の認定を行うようになりました。現在、この認定は新築に限らず、増改築時にも適用されています。

この制度のメリットは、住宅ローン控除や不動産取得税・登録免許税・固定資産税などの税制優遇が受けられること。安心・安全に加え、節税にも役立つ制度です。

民間の大手ハウスメーカー10社による「スムストック」という基準もあります。住宅履歴や長期点検メン

住宅の価値を認定する制度

2008年開始 大手メーカーの中古住宅の認定制度

スムストック

大手ハウスメーカー10社からなる優良ストック住宅推進協議会が、これまで供給してきた建物のうち、条件を満たすものを「スムストック」と認定する。改修履歴を蓄積したり、各社のメンテナンスプログラムを受けられる。

〈 認定条件 〉

- 新築時の図面、リフォームの情報が管理・蓄積されている。
- 建築後50年以上の長期点検制度・メンテナンスプログラムの対象である。
- 「新耐震基準」を満たしている。

2009年開始 長持ちする住宅の認定制度

長期優良住宅

長期にわたり良好な状態で使用するための工夫がされた優良な住宅を認定するしくみ。2016年から中古住宅も対象になった。住宅ローンの減税制度やリフォーム費用の助成や受けられる。

〈 認定条件 〉

- 数世代（少なくとも100年）にわたり住宅の構造躯体が使用できる。
- 地震による損傷を少なくするために、一定の耐震性を備えている。
- 内装・設備の維持管理をスムーズに行うために必要な工夫がされている。
- その他、間取りの可変性、バリアフリー、省エネ、住環境の維持、住居の面積、修繕計画などに関する基準を満たす。

テナンスプログラム、耐震性能などの要件を満たす住宅について、独自に認定。中古住宅の不安解消につながる規格として、注目されています。

さらに２０１８年より国土交通省では、「安心R住宅」という制度を開始。耐震性やインスペクション、情報開示などの基準を満たした住宅は標章が付与されます。

これらの制度に共通するのは、前節でご紹介した住宅履歴情報の開示が必要なこと。情報を明らかにすることで、既存住宅への信頼性を高める狙いがあるのです。

ただし、安心R住宅の趣旨は、あくまで消費者への情報開示。たとえば設計や維持管理情報についても、「情報の有無または不明の開示」が要件となっています。

買主側は、情報に基づいて自分で判断するという、主体的な姿勢が求められています。

COLUMN

リフォーム済み物件よりも購入後のリフォームがお得

中古住宅でもリフォーム済みのものは、見た目もよく快適で、お買い得に感じるものです。けれども、本当にお得なのは、リフォーム前の中古物件を買って、自分でリフォームすること。たとえば不動産市場では、業者が300万円程度で改修した中古物件が、元の売値より1000万円近い高値で売れることも珍しくないのです。

しかも、業者によるリフォームは、家全体を及第点に底上げすること。購入後に自分で改修すれば、お風呂やキッチンなどこだわりの場所に必要なお金を自由に配分して、費用も抑えられます。ローンも可能です。

中古マンションの価格は、築20年ぐらいまで40%程度下がり続け、その後は緩やかに下降します。

このため、マンションの場合は築20年前後がねらい目です。一戸建ての場合、マンションよりも価格の下落のスピードが早く、建物の使い勝手や残存価値を考えれば、築15年程度がおすすめです。

第4章

一戸建ては土地の良し悪し、マンションは管理状況が決め手になる

一国一城の主か、運命共同体か？一戸建てとマンションのポイントを知る

子育てのしやすさを考えて、一戸建てにしようと思うのですが、どんなことに注意して選べばいいのでしょうか？

一戸建ての場合、土地を所有するという意識が強くなるので、**土地の価値を重視する**人が多いですね。

価格が下がりにくいのは、形状が四角く、適度な広さの土地。形がいびつだったり、極端に広すぎたり狭すぎたりする土地は売りにくくなります。もちろん地盤の固さも重要です。

一戸建てのイメージ ＝ 一国一城の主

土地のチェックが重要

一戸建ての分譲住宅を購入するとき、販売価格の半分以上を占めるのが土地の価格です。建物とは違い、土地は購入後も資産価値が下がりにくいため、利用価値が高い土地を見極めましょう。

- **接道**　家の前の道路は公道か私道か ▶P108
- **境界**　隣家との土地の境に境界標があるか ▶P110
- **土地の可変性**　将来土地が狭まる可能性は？ ▶P112
- **容積率・建ぺい率**　違反建築ではないか ▶P114
- **掘り出し物件**　土地と建物の価値 ▶P116

マンションのイメージ＝運命共同体

管理状況のチェックが重要

マンションは、複数の世帯が住む建物のうち、一区分を所有します。住民が快適に過ごせるように運営されています。管理費や修繕計画に見合う、管理が行き届いた物件を選びましょう。

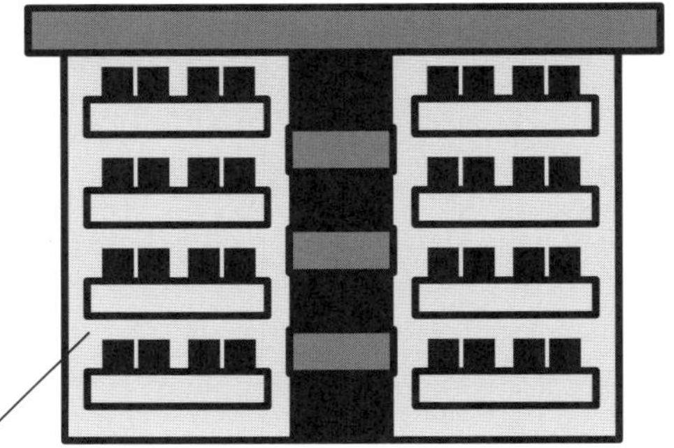

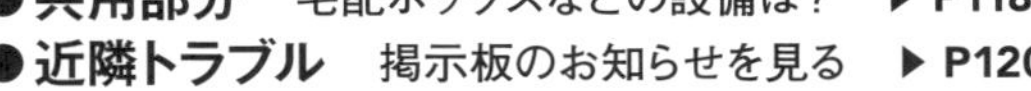

- **共用部分**　宅配ボックスなどの設備は？　▶ P118
- **近隣トラブル**　掲示板のお知らせを見る　▶ P120
- **修繕計画**　建替えや補修工事の計画があるか　▶ P122
- **騒音**　集合住宅ならではの注意点を知る　▶ P121

トラブルになりやすい点は？

隣家との境界があいまいだったり、私道がある土地はトラブルが生じがちです。

また、**違反建築や、セットバックという規制**がある場合、建て替えようとしても制限がかかり**同じ広さの建築ができないケース**もあります。

マンションの場合には、そういうトラブルはありませんよね。

マンションは、管理の行き届いた共有設備や専有部分の快適さが魅力ですが、**共有部分の利用や長期修繕計画をめぐる問題**が生じることも。

一戸建て、マンションそれぞれのポイントを説明します。長所と短所を見極めてください。

接道

家の前の道路が公道か私道かで注意点が変わる

道路には公道と私道がある

国・地方自治体が管理する

広く公共に使われる道路。そのうち、主に国や都道府県、市区町村が管理を行う道路を指す。アスファルトが割れたり、穴が空いたりしても、国や地方自治体が修理をしてくれる。

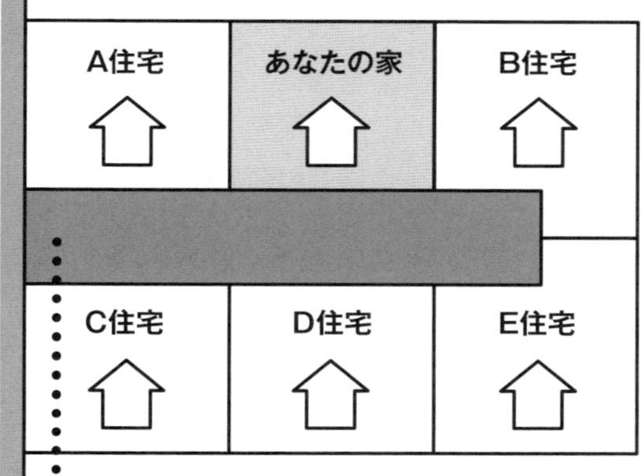

私道

所有する個人または団体が管理する

個人または団体が所有している土地を、道路として使っている部分のこと。住宅街や、一区画を分筆（土地を分けること）された土地によく見られる。道路の修理などは所有者が行う。

一戸建てのよさは、借地の場合を除き、家も土地も自分のものとなること。けれども注意したいのは、「私道を含む」と書かれた物件です。

国や地方自治体で管理される公道と異なり、私道は個人や民間企業が管理する道。私道に接する家の共有物となっているときは、維持管理も共同責任。近隣トラブルが生じる可能性も否定できません。一方、地主や開発会社が所有している私道では、通行料などが課されることも。

不動産会社は、私道ということは示しても、先々の負担まで伝える義務はありません。必ず、自分で確認しましょう。

私道の場合、所有者とのトラブル回避が必須

家の前が私道の場合に注意する点

道路の維持・管理を行う

私道部分を含む土地を購入した場合や、私道の共同所有者の1人になった場合は、費用を負担して道路の舗装を直すなどの管理を行う必要がある。

掘削の承諾を得る

ガス管や水道管を引くときに、私道を掘削する必要があることがある。私道の所有者に掘削の許可をとり、周辺住民へ工事の告知をする。

車の通行許可をとる

通行するには所有者の許可が必要な場合がある。特に車やバイクなどの車両は、道路の破損や交通事故、排気ガスの原因になるので、事前に確認を。

許可・承諾を得る相手は土地の所有関係によって変わる

〈 右ページの土地で所有関係を想定してみると…… 〉

私道を囲むブロックの住民が全員で共同所有

A　あなた　B
共有
C　D　E

▼

A～Eの住宅の全員に許可・承諾が必要

私道はもともと地主のAさんが所有している

A　あなた　B
A所有
C　D　E

▼

Aさんの許可・承諾が必要

私道の所有区分が決まっている

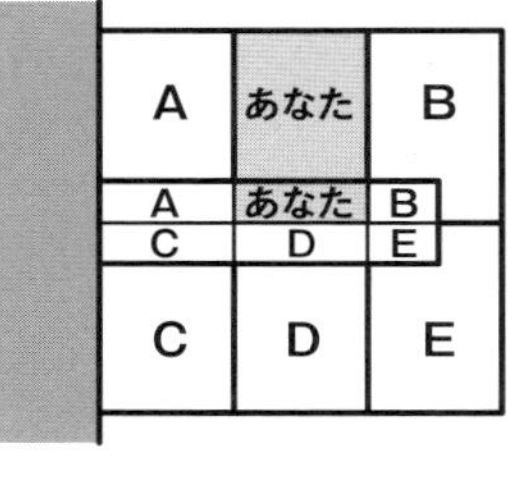

▼

通行・掘削が必要な部分の所有者に許可・承諾を得る

※所有関係は一例です。この限りではありません。

境界

隣家との境目があいまいだとトラブルになりやすい

一戸建ての場合、隣家との土地の境界を明らかにする必要があります。土地境を示す境界標を確認します。

境界標とは、土地の四隅などに埋設されている四角い杭。新築ではほぼ問題ありませんが、中古などで境界標が見当たらなかったり、木製の杭が腐ってずれていたりする場合があり、近隣トラブルにもなりかねません。測量し直し、コンクリート標や金属鋲などをきちんと埋めておきましょう。

境界標は、土地という財産を守るための大切な指標です。埋設した後もそのままにせず、定期的なチェックを忘れずに行ってください。

「境界標」があることを確認する

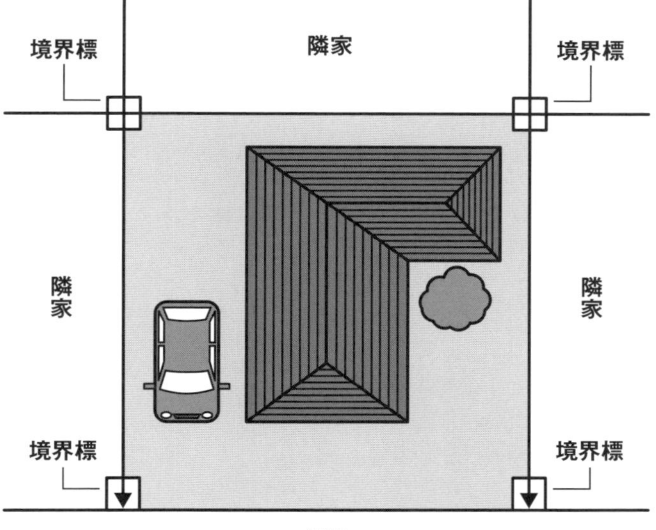

〈例〉

木やコンクリートの杭が立っている

土地の所有権の境目に「境界標」を立てる。木材やコンクリートなどでできた杭で、形状や印はさまざま。木材の境界標は腐食して見にくくなっていることもあるので注意。

土地の境界は複数の方法で確認する

境界標

境界標が設置されているかどうか確認する。設置されている場合は、地積測量図などと照らし合わせてチェックする。設置された時期が古いなどの理由で正しい境界が示されていないことも。地積測量図や登記を参考に、新たに設置する。

地積測量図・確定測量図

法務省令に基づいて1つの土地ごとに作成される「地積測量図」がある。不動産の登記を申請する際に必要。登記所で閲覧・複写できる。また、隣家の承諾印がある「確定測量図」なら、隣家とのトラブルを避けられる。

登記簿

土地の所有者や面積、境界、用途、その土地に建つ建物などを証明し、公表するもの。現地の様子（境界標、測量の結果）が異なることもあるので、土地家屋調査士などに調べてもらい、情報を一致させる。

境界標と、その他の書類の情報が一致しているとは限らない

- **改築などの工事の際に境界標が移動され、施工者が元の位置に戻すのを忘れた**
- **もともと塀で区切られていたが、塀をつくり直すときに境界がわからなくなった**
- **木材の境界標が腐食してわからなくなってしまった**
- **境界標が車に踏まれて完全に埋まってしまった**
- **大雨で土地がぬかるみ、境界標が流されてしまった**

再度測量し直して、境界標を設置する必要がある

TOPICS

土地の境界をめぐるトラブルは後から出てくる

時代を経て土地が風化したり、所有者が変わったりすると、土地を取り巻く状況は変化します。そのため時間が経過すると、隣家が塀をつくり直すときに敷地に越境してくる、木の枝が伸びて境界を超えてくる、境界があいまいなまま所有者が亡くなり相続人が困る、などといったトラブルが出てきます。

日本土地家屋調査士会連合会では、ADRセンターで土地の境界トラブルの相談を受け付けています。ADRとは、裁判によらず調停などで行う紛争解決のこと。万が一トラブルになった際は相談してみるとよいでしょう。

土地の可変性

建築の制約が少ない、建替えや売却に有利な土地を選ぶ

家を買うときは、土地の将来性を見極めることが大切です。たとえば、いびつな形や三角形の土地は家が建てづらく、高値の売却は見込めません。地盤が弱い場所も敬遠されます。また、広すぎても狭すぎても、売りにくくなります。

注意が必要なのは、建築の制約のある土地。奥まっていて接面道路が狭い土地は、建替えができないケースも。また、接面道路の幅が狭い土地は、セットバックといって、再建築のとき建築できる敷地が減ることもあります。土地は後から変えることはできません。将来も価値が落ちない土地を探しましょう。

建替えや売却に有利な土地とは？

広すぎず、狭すぎない

土地の価格は面積によって変わる。あまり広い土地は高くて買い手がつきにくい。狭い土地は使い勝手が悪いため価値が下がる。

いびつな形より四角い土地

四角い土地は建物を建てやすく、土地を有効活用できる。いびつな土地は建物が建てにくく、また無駄なスペースが生まれやすい。

価値が高い土地
＝
使い勝手がよい土地、売却しやすい土地

地盤が固く安定している

安全性が高い土地は人気もある。地盤に不安がある場合は、補強工事などで費用がかさむこともある。所有者の負担も大きい。

建築の制限が少ない

容積率が低いと、延べ床面積が小さい建物しか建てられない。高さ制限・屋根の斜線制限などがあると、建物の形が制限される。

土地の可変性を損なう制約がある

将来、土地の
使える部分が減る!?

セットバック

敷地の前が幅4m未満の道路の場合、道路の中心線から2mの範囲まで、道路の境界を敷地内に後退させなければならない。1950年の改正建築基準法で、幅4m以上の道路への接道義務が定められた。それ以前に建物が建てられた土地は注意を。セットバックの対象になる可能性がある。

家を建て替えるとき、道路との境界が後退し、建築に使える土地が少なくなる

〈例〉

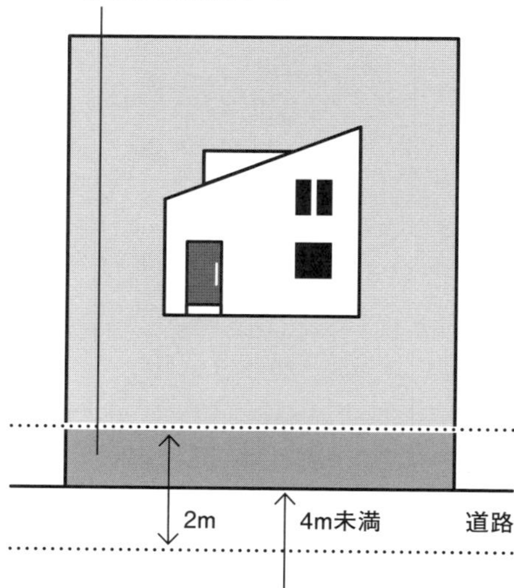

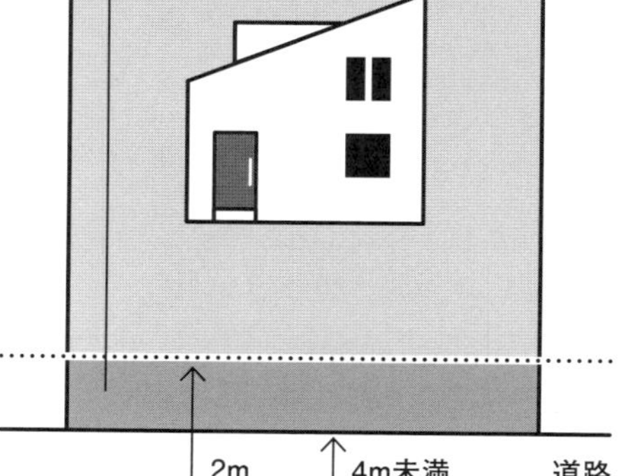

建替えが
できない

再建築不可

幅4m以上の道路に2m以上接していない土地は、新たに建物が建てられない。道路に接していない土地や、道路から奥まった旗竿型の土地などに多い。今建っている建物に住むことはできるが、更地にして新たに建てることができない。

リフォームして住み続けるか、接道義務を満たすために周辺の土地を買い取る

〈例〉
2m未満
4m
道路

容積率・建ぺい率

増改築時、家の大きさに制約を受けることもある

家の大きさは、建ぺい率と容積率で決まる

土地の広さ

×

建ぺい率
その土地の面積に対して、どれくらいの割合の接地面積の建物が建てられるか

容積率
その土地の面積に対して、どれくらいの延べ床面積の建物が建てられるか

建物の大きさ

土地の面積に対して、建てられる家の広さを定めるのが、建ぺい率と容積率。建ぺい率は、その土地の広さのうち建築面積に使える割合。容積率は、延べ床面積。2階建てなら1階と2階の床面積の合計です。

物件の中には、建ぺい率や容積率が若干オーバーしていても、取引されているものがよくあります。

購入には問題ありませんが、増改築の際、制約を受ける可能性もあります。

同じ大きさの建物に建て替えることは難しく、また売却の際、買主の融資の条件が厳しくなり、売りにくくなります。

〈 例1 〉

土地面積 100㎡

建ぺい率 40%

容積率 80%

40㎡まで

80㎡まで

100㎡

建ぺい率

100㎡×40%＝40㎡

容積率

100㎡×80%＝80㎡

一般的な2階建ての一戸建てが建つことが多い。

〈 例2 〉

土地面積 50㎡

建ぺい率 80%

容積率 300%

40㎡まで

合計150㎡まで

50㎡

建ぺい率

50㎡×80%＝40㎡

容積率

50㎡×300%＝150㎡

この場合、3階建ての建物が建てられるが、4階建ては容積率を超過する。

※容積率の上限　容積率は敷地の前の道路幅によって上限が決まっている。
【道路幅×0.4×100＝容積率（%）】となる。

違反建築の場合、重要事項として説明を受ける

住宅市場には、容積率や建ぺい率を超過した“違反建築”の物件が存在します。今のところ購入しても罰則はありませんが、住宅ローンの審査が通りづらいことが多いようです。また、将来にわたって規制が寛容であるとは限りません。売却を考えている場合は慎重に購入を。

掘り出し物件

土地と建物を分けて考えると割安物件がわかる

一般に、住宅の価格はエリアの相場で決まるので、大きな違いはありません。そのため「不動産には掘り出しモノはない」といわれるのですが、実際には、割安物件も存在します。

物件を見るには、エリアの坪単価の相場から土地の値段を計算。総額から引いて建物の価格を出します。

日本では20〜25年経つと家の価値はほぼゼロになるため、建物部分の価格は安いはず。良質な中古住宅を買ってリフォームで生まれ変わらせることができれば、結果として割安になります。

中古に詳しい不動産業者に相談してみるのも1つの手です。

本来、土地と建物は別々に価格がつく

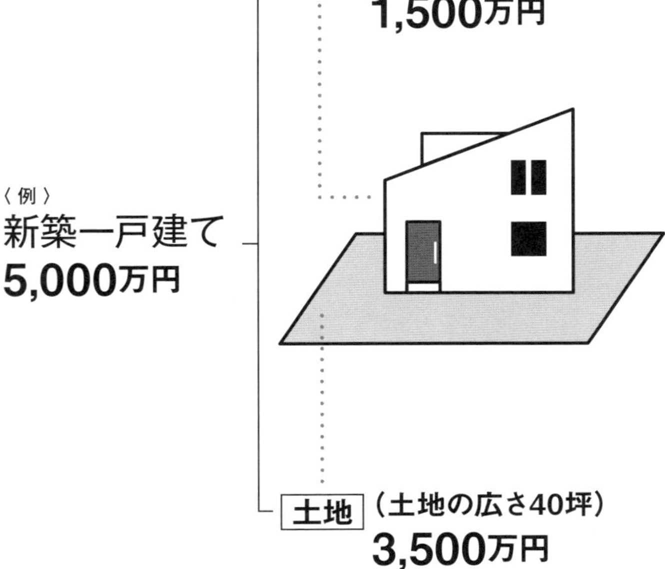

建物 **は通常、築年数が上がると価値が下がる**

木造住宅の税法上の耐用年数は22年。不動産業界では築20年で価値がゼロになるともいわれる。

土地 **は価値が下がりにくい。**

建物が丈夫なら、20年後に掘り出し物件に化けることも

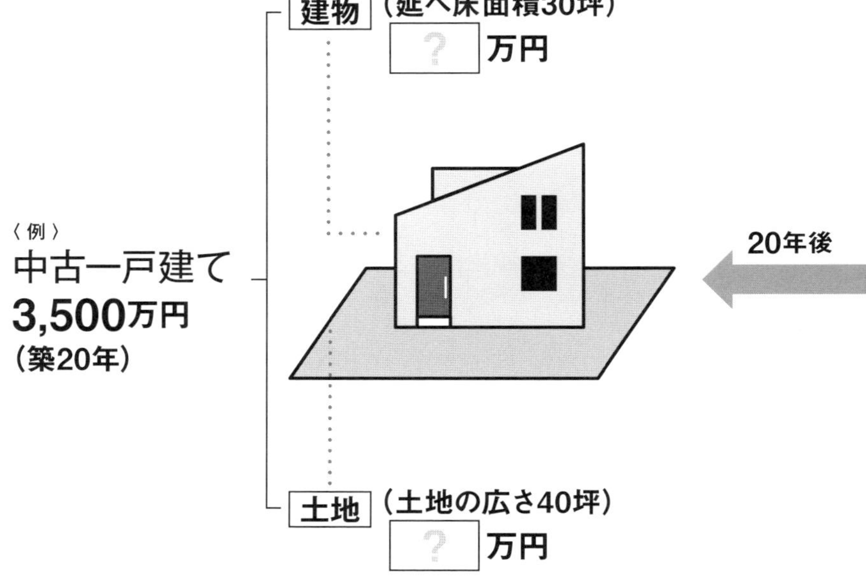

売価格と築年数から掘り出し物件を推測するには

① まずは土地の価格を出す。ここでは坪単価を、周辺相場から80万円と仮定する。

坪単価		坪数		土地価格
80万円	×	40坪	＝	3,200万円

② 物件全体の価格から、①で出した土地の価格を引いて、建物の価格を出す。

全体の価格		土地の価格		建物の価格
3,500万円	－	3,200万円	＝	300万円

③ ホームインスペクションを行い、建物の使用価値（後どのくらいこの建物に住めるか）を調べる。その結果を15年だとすると、月々の住居費がいくらになるかを出してみる。

建物価格		（残存年数×12カ月）		1カ月の住居費
300万円	÷	（15年×12カ月）	＝	約1万7,000円

1カ月の住居費は2万円弱。この物件は割安といえる

共用部分

必要な設備が整い、管理が行き届いている

マンションのメリットは、管理が行き届いた住みやすさです。マンションにより管理状況は異なりますから、確認が必要です。

管理形態は、管理人が住み込みの場合のほか、さまざまです。常駐の管理人がいるほうが安心なのは言うまでもありません。

共用部分の管理状況も確認します。ポスト周辺にチラシが散乱していたり、ホールや階段が汚れていないか。駐輪場やゴミ置き場は整っているか。掲示板の掲示物が汚れているのは、目が行き届いていない証拠です。

管理費を払うからには、管理の整ったマンションを選びたいものです。

管理会社に管理を委託していることが多い

管理方式	内容
自主管理方式	管理組合がすべての実務を行う。委託をしないぶん、費用は安くなる。ただし、管理組合の密なコミュニケーションが求められる。管理組合の役員の心理的、時間的負担が大きい面も。
一部委託管理方式	管理組合が主体となり実務を行い、一部の専門的な業務のみを委託する。自主管理より、負担は軽減されるが、委託することで費用が発生する。また、業務の監督も必要になる。
全部委託管理方式	すべての実務を委託して行う。もっとも多く見られる方式。管理組合の負担が大幅に軽減される。ただし、費用は割高になり、管理組合相互の関わりは希薄になりがち。

管理形態	内容
常駐管理	管理人が住み込んで、管理業務を行う。
日勤管理	管理人が通勤し、管理業務を行う。
巡回管理	管理人が定期的に巡回し、見回りやそうじを行う。
無人管理	自主管理のこと。管理人をおかずに管理組合が業務にあたる。

マンション共用部分のチェックポイント

入口、通路

- □ オートロックか、簡単に入れる進入経路はないか
- □ エントランス、階段、エレベーターは清潔か
- □ 廊下は見通しがよく、防犯上安心できるか
- □ ホールやロビーは明るく清潔か

ポストや掲示物

- □ 掲示板に貼られている注意喚起に心配な項目はないか
- □ ポストのまわりにチラシなどが散乱していないか

物置スペース

- □ 自転車置き場は整然としているか
- □ ゴミ置き場は、分別がきちんとされているか
- □ 駐車場の台数は十分にあるか
- □ バイクが放置駐車されていないか

共用設備

- □ 住人のための集会所などがあるか
- □ ほかにどんな設備があるか。それはあなたにとって必要か

〈例〉

- ● ゴミステーション・・・要
- ● 宅配ボックス・・・・・・要
- ● プール、ジム　・・・・・・不要
- ● 展望ラウンジ・・・・・・あったらうれしいが、なくてもよい

ひと言

ゴージャスな設備が満載で、管理費が高くなることも?

プールやスパ、バーラウンジ、ハウスキーピングサービスなど、ホテルのように共用設備が充実したマンションもあります。便利で憧れますが、管理費が高めに設定されています。予算と、その設備の必要性を見極めましょう。

近隣トラブル

住人の雰囲気やトラブル事例は、掲示板や議事録に表れる

マンションのような集合住宅は、管理や住人のトラブルが、住みにくさに直結します。

まず、掲示板に貼られたお知らせなどで日常のトラブルをチェックします。管理人に住人の年代や家族構成を聞けば、全体の雰囲気がつかめます。

マンション内のもめ事などは、管理組合の議題となっているはずです。管理人やオーナーを通して、組合の議事録を見せてもらってください。

訴訟に発展している事例は、重要事項説明書に記載されます。特記事項は読み飛ばさず、細部まで目を通しましょう。

トラブル回避のために情報収集する

共用部分の掲示板

たとえば「夜11時以降の○○はやめてください」「ペットの飼育は禁止です」など、居住のマナーについて注意を喚起する貼り紙がある場合、過去に住民の間でトラブルがあった可能性が高い。

管理組合の議事録

議題、誰から提案・説明があったか、結果（賛成・反対の数）などが書かれている。不動産会社に依頼するか、直接管理人に依頼して見せてもらう。

管理人へのヒアリング

有人管理のマンションなら、管理人に住人の様子やトラブルの状況などを聞いてみる。この場合、不動産会社を介するよりも、直接聞いてみるほうが好感をもって話をしてくれることが多い。

マンショントラブルに多い事例

喫煙

ベランダで吸う たばこの煙をめぐってトラブルに

家族の反対で家の中で喫煙できない、などの事情でベランダで喫煙する人もいる。煙が上階や隣のベランダに流れてしまうことがあり、トラブルになることも。

騒音

子どもの足音が階下に響き、文句を言われた

子どもが走りまわり、足音が階下に響くことも。子どもに理解がある人ばかりとは限らないため、近隣住民から苦情が出ることも。マンションの構造、階下の住人の様子などを事前にチェックする。

ペットの飼育

禁止されているはずなのに、鳴き声がする

ペット禁止の物件でも、こっそりと犬や猫を飼う人がいて、鳴き声やにおいが近隣の迷惑になることがある。ペット飼育可の物件でも、リードをつけずに散歩をしたりしてトラブルになることも。

共用廊下の使い方

廊下に私物が置かれ、散らかっている

玄関ドアの外は共用部分であり、本来は私物を置いてはいけない。しかし、廊下に子どもの自転車やベビーカーなどをつい置いてしまう人も。通行が困難になったり、災害時の安全性が損なわれる。

ひと言

管理人さんや住人に話を聞くときは、個人で行くのがよい

現地での情報収集は、不動産会社任せではなかなか実情をつかめないもの。「ここに住みたいのですが」などと個人的に話したほうが、管理人さんも住人も打ち解けて、ありのままの姿を教えてくれるものです。自ら足を運び、目と耳で住み心地を確かめましょう。

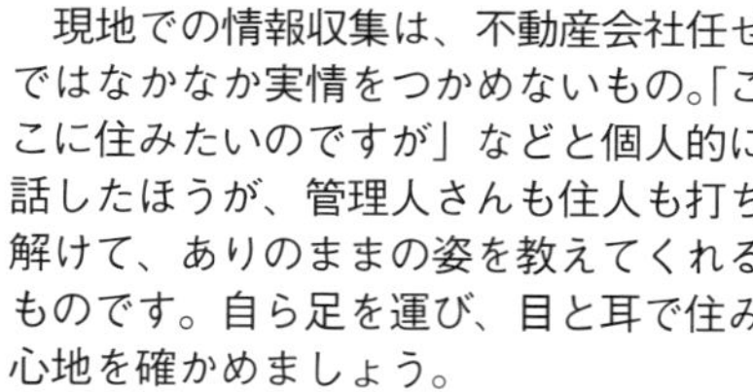

修繕計画

修繕積立金・修繕計画は、管理規約や議事録でチェック

一戸建てと同様に、マンションも定期的な修繕が必要です。規模が大きいだけに工事も大掛かりになります。

そのためほとんどのマンションでは、毎月、修繕積立金を集めて積み立てています。

修繕積立金が安すぎる場合は要注意です。突然値上がりすることも考えられます。また、修繕計画がいい加減だと必要な修繕が行われないこともあります。

修繕積立金の値上げの可能性があれば、組合の議事録からわかります。金額が適正な修繕計画に基づいたものかどうかが大切です。

管理規約や議事録のここを見る

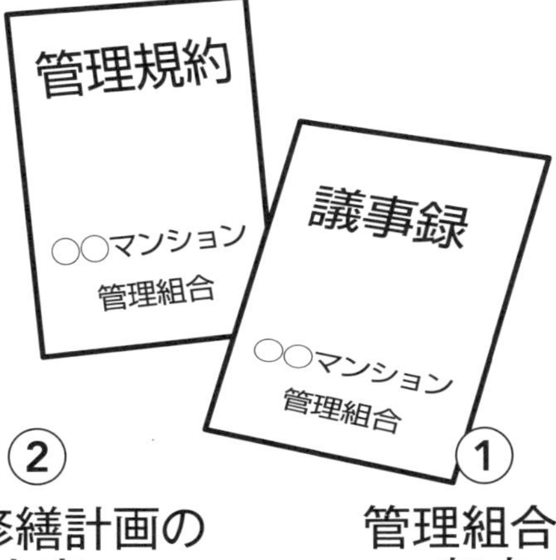

① 管理組合の収支

中古マンションの場合は収支を確認する。管理費・修繕積立金・共用設備の使用料が、所有者からきちんとおさめられているか、管理規約に積立金の使途の詳細が書かれているかもよく確かめる。

〈 ポイント 〉

- **管理費、修繕積立金が口座を分けて管理されている**
- **資金の使途が明確に定められている**

② 長期修繕計画の内容

共用部分の修繕計画があり、実行されていること。また、計画に見合った修繕積立金が積み立てられていることも確認する。現在、月々の積立額が少ない場合は、将来、修繕積立金が値上がりする可能性もある。

〈 目安 〉

- **鉄部塗装：4 ～ 6年周期**
- **大規模修繕：築10 ～ 12年周期（外壁・屋根・給水設備など）**

修繕積立金が安すぎる物件は要注意

修繕積立金の目安

専有床面積あたりの修繕積立金の金額 × マンションの専有床面積

階数／建築延床面積		平均値 ※月あたり	修繕積立金の幅
15階建て未満	5,000㎡未満	218円／㎡	165～250円／㎡
	5,000～10,000㎡	202円／㎡	140～265円／㎡
	10,000㎡以上	178円／㎡	135～220円／㎡
20階建て以上		206円／㎡	170～245円／㎡

※15～19階建てのマンションは供給量が少ないため省略。国土交通省「マンションの修繕積立金に関するガイドライン」より

〈例〉

8階建てマンションの6階、建築延床面積4,000㎡、専有床面積80㎡ 適当な修繕積立金の目安

218円（15階建て未満、建築延床面積5,000㎡未満） × **80㎡**（専有床面積） = **17,440円**

これを大幅に下回ると危険

不動産広告の「その他」の欄も見落とさない

不動産広告の「その他」という項目に「特別修繕積立金」などの見慣れない言葉が書かれていることがあります。修繕積立金が極端に安い場合、別の名目で徴収されていることもあるので要チェック。

30戸を下回るマンションは管理状況をよくよく吟味して

小規模なマンションの場合、組合員の数が少なく、管理組合がきちんと機能しなかったり、修繕積立金が集まらないおそれもあります。30戸を下回るようなマンションは、組合の議事録や長期修繕計画を調べ、将来的にも安心して住めるかどうかをよく吟味しましょう。

マンションの居室

実際の広さ、騒音など マンション暮らしの不安を解消

マンションの専有部分の広さは、「壁芯」と、壁の内側を基準にする「内法」という二とおりの表示方法があります。

広告では壁芯が使われますが、実際の居住スペースは内法の広さ。面積は広告表示より狭くなります。

集合住宅では騒音の問題が起きやすいので、上下階の遮音状況を確認しましょう。また、電気の容量は足りるのか、必要な場合に増やすことが可能なのかも確認。上階の場合には、水圧が十分かどうか、蛇口を開いて調べてみましょう。採光や風通しなど、隅々まで確かめます。

まずは実際の広さをチェックする

壁芯（かべしん）

壁の厚みの中心を結んだ線で面積を出すこと。不動産広告は、壁芯面積で表記してよい。

内法（うちのり）

壁の内側を結んだ線で面積を出すこと。登記上は内法面積が記載される。

マンションの専有部分のチェックポイント

水道

- □蛇口から出る水はきれいか
- □給湯器の容量は十分か
- □排水はきちんと流れるか
- □水圧は十分か
- □排水溝から異臭がしないか

電気

- □電気のアンペア数は十分にあるか
- □十分でない場合、アンペア数を上げることは可能か

遮音、断熱

- □上下階、隣家の生活音が聞こえないか
- □隙間風は入ってこないか
- □壁や床は熱が伝わりにくいつくりになっているか

壁、窓

- □結露しやすくないか
- □風通しはよいか
- □採光は十分あるか
- □壁に水のシミはないか

マンションの居室に不便があったとしても、リフォームで何とかなりますか

リフォームには一定の制限があります。各マンションのルールもふまえて確認しましょう

TOPICS

中古マンションのリフォームを考えている場合は管理規約で制限をチェック

マンションでは、自分が所有している専有部分の範囲でのみリフォームが可能です。管理規約によってリフォームの制限が設けられていることがあるので、事前に管理組合に確認しましょう。また、事前に管理組合やオーナーへリフォーム工事の申請・許可が必要となることがあるので忘れずに。

〈 必須のチェックポイント 〉

- ● リフォーム可能な「専有部分」の範囲
- ● 床下の配管が移動可能かどうか
- ● 間取り変更ができる建物構造か
- ● 使える電気の容量や給湯器のサイズ
- ● 依頼する業者の指定があるかどうか

COLUMN

こだわりすぎていい物件が見つからないときは……

思ったような家がなかなか見つからないときは、最初に設定した条件を見直してみるのも一案です。たとえば、駅徒歩10分以内に限定していた条件をちょっとゆるめてみると、徒歩12分のところにいい家が見つかることもあります。築年数が古いからと切り捨てていた物件でも、実際に足を運んでみると、思ったよりずっときれいで、すっかり気に入ってしまうことも珍しくありません。

また、ぜひ試していただきたいのは、自分のこだわりを、あらためて紙に書き出してみること。なぜ自分がその点にこだわっているのかをよく考えてみると、案外、小さな思い込みにとらわれていることに気がつくものです。

もちろん、家は一生モノの買い物。エリアや価格など譲れない条件にこだわるのは、けっして悪いことではありませんが、ほんの少し視野を広げてみると、意外にいい出会いにめぐり合えるものです。

第5章

不利な条件がないかを確認し、契約手続きを行う

資金計画と契約手続きは必ず自分で納得して進める

住宅ローンについては、銀行で教えてもらえるのですよね。

借入可能額や月々の返済額については、銀行の担当者やファイナンシャル・プランナーに教えてもらえます。

ただし、**資金計画は、必ず自分で立てて**ください。今後何十年にもわたり月々の支払いを背負うことになるわけですから、きちんと納得してローンを組むことです。そのためには、ローンや金利変動のしくみを把握することも欠かせません。

資金計画のToDoリスト

カテゴリー	ポイント	関連ページ
資金計画	□ 自己資金を十分に用意する。	P130
	□ 諸費用がいくらかかるか確認する。	P132
	□ 無理なく返せる住宅ローンの借入額を知る。	P134
住宅ローン	□ いつ繰り上げ返済をするか考える。	P136
	□ 自分に合った住宅ローンの借入先を選ぶ。	P138
	□ 住宅ローンを借りるときの金利を選ぶ。	P140
	□ 借入期間と返済方法を決める。	P142
	□ 住宅ローン減税を活用する。	P144

契約のToDoリスト

カテゴリー	ポイント	関連ページ
契約前	□ 登記簿を見て、トラブルの可能性をチェックする。	P146
	□ 売却理由を知り、条件交渉をする。	P148
契約時	□ 契約の流れを知り、準備をする。	P150
	□ 重要事項説明書で、不利な条件がないか確認する。	P152
	□ 欠陥があったときの責任の所在を確認する。	P154
	□ 中古住宅なら、物件に関する報告書をチェック。	P156

ここで紹介するのは最低限の項目。不動産会社の担当者に確認しながら進めてください

契約時に気をつけることは？

不利な条件がないかチェックすること。大事なのは、**後々発覚した欠陥に対して売主が負う瑕疵担保責任**。

中古では期間が短かったり、免責されていることもあります。瑕疵担保責任保険に加入すれば、保険金で修繕できるので安心です。

どうすれば加入できますか？

インスペクション等を実施し、要件を満たせば加入できます。改正宅建業法では新たに、**建物状況調査の実施の有無**を明確にすることが義務づけられたので、契約時に注目してください。契約の際には、ほかにも注意する点があります。流れを追って説明していきましょう。

予算

十分に自己資金を用意し、無理のない予算を考える

予算・資金計画の考え方の基本

自己資金を概算する

理想は物件価格の20%以上

自己資金がいくらあるのかを出してみる。金額が多いほど借入額も少なくできる。後々の負担が減る。

自己資金の目安 ▶ P131

－

購入時にかかるお金を知る

だいたい物件価格の5 ～ 8%

物件価格のほかに、登記費用や引越し費用、仲介手数料など、諸費用がかかる。支出の予測を立てておく。

購入時の諸費用 ▶ P132

＋

住宅ローンの借入額を知る

理想は物件価格の80%以下

収入などの条件によって住宅ローンの借入可能額が決まる。さらに無理なく返せる金額も計算してみる。

住宅ローンの概算 ▶ P134

＝

必要なお金がわかり、買える物件の予算を立てられる

資金計画の典型的な失敗例は、準備不足と借り過ぎ。買いたい家があると、無理をしてでも手に入れたくなりますが、家のために日々の生活が苦しくなるようでは、何のためのマイホームかわかりません。

まずは借入額を抑えるために、できるだけ自己資金を増やすこと。その上で、結婚や子育てなどライフプランをシミュレーションし、無理のない借入額を設定しましょう。

頭金が多ければ多いほど住宅ローンの負担は減りますが、万一の備えも必要です。人生は山あり谷あり。リスクを甘く見ず、慎重に判断しましょう。

多ければ多いほどよい。自己資金のポイント

① 自己資金（頭金）は、売却を想定して考える

住宅は住んでいるうちに価値が下がる。将来、売却を考えているなら、売却時点での住宅の価格よりも少なくなっているのが望ましい。

〈考え方〉

15年後に売却を予定する場合

近隣相場を見て、類似の築15年の中古物件の価格が、あなたが購入した物件の15年後の売却価格と仮定する。頭金と住宅ローンの金利から、借入額に対する15年後の借入残高を試算し、売却価格よりも高くなるように頭金を用意する。

② 生活費を半年～1年分用意できるとベスト

頭金に多く費やすあまり、手元に現金を残さないのも考えもの。失業や病気、家族の介護などで働けなくなったときに備えて、生活費を確保しておく。

〈考え方〉

月々にかかる下記の金額を書き出して合算し、6 ～ 12カ月分用意する。

□住宅ローン　□光熱費　□食費
□教育費　□通信費　□外食費
□日用品費　□保険料
□子どもの服やおむつ
□車の維持費　□レジャー費
□小遣い　□その他

TOPICS

親からの住宅資金援助は、贈与税が優遇される

個人から110万円以上の金銭を受け取ると贈与税がかかります。贈与税は税率が高く設定されているため、注意が必要です。ただし、例外的に親から子への住宅取得資金援助は、条件を満たすと贈与税が非課税になる優遇制度があります。国税庁のホームページなどで条件を確認して活用しましょう。

〈主な条件〉

- 親から子、または祖父母から孫への贈与である
- 贈与を受ける人が20歳以上である
- 贈与を受ける人の合計所得金額が2,000万円以下
- 贈与を受けた年の翌年3月までに住宅を取得する
- 適用される住宅の要件を満たしている（国税庁ホームページを参照）
- 贈与を受けた年の翌年3月までに贈与税の申告を行う

購入時の諸費用

計200万円を超えることも。諸費用の全体像を把握する

住宅購入時には、家屋と土地の代金に加え、税金や手数料など諸費用が必要となります。自己資金の中から頭金と諸費用を支払うことになります。資金計画を立てる際、しっかり全貌をつかんでおいてください。

税金や登記費用には、印紙税や登録免許税、司法書士への報酬などがあります。金融機関への支払いには融資手数料や保証料、団体信用生命保険料、火災保険料などがあります。引越し代や家具購入費を合わせれば200万円以上になることも。

また、諸費用の中にはローンに組み込めるものがあり、購入時の支払額を軽減することも可能です。

購入時にかかる費用

項目	概要	額の目安	例*1
登記費用	登録免許税や印紙などの費用。	10〜30万円	175,133円
仲介手数料	不動産会社へ支払う手数料。	原則は物件価格の約3%	1,652,400円*2
司法書士報酬	登記を依頼する司法書士への報酬。	10〜15万円	120,000円
印紙税	売買契約書、金銭消費貸借契約書などに貼る印紙代。	1〜18万円	30,200円
融資手数料	融資を申し込む際、金融機関に支払う手数料。	金融機関により異なる	32,400円
各種検査料	ホームインスペクションなどにかかる費用。	5〜10万円	50,000円
住宅ローン保証料	融資を受ける際に保証会社に支払う費用。	〜数百万円	359,460円
火災保険料など	家の損害に備える保険の費用。	数万〜数十万円	100,000円（10年間）
団体信用生命保険料	死亡時の住宅ローンの支払いに備える保険の費用。	〜数百万円	0円

*1　物件代金49,000,000円、借入金額約30,000,000円の場合
*2　物件価格の3%＋6万円＋税

購入後に定期的にかかる費用

項目	概要	一戸建て	マンション
月々返済額	住宅ローンの返済額。	○	○
管理費	マンションの共用設備にかかる管理費。	—	○
修繕積立金	マンションの修繕に備えて積み立てるお金。	—	○
修繕費用	一戸建ての修理にかかるお金。	○	—
固定資産税、都市計画税	不動産の評価額に応じてかかる税金。	○	○
駐車場代	車の置き場を家と別に用意する場合の費用。	○	○

仲介手数料などの
諸費用は、購入す
る家の価格が高い
ほど高くなります

現金で支払うか、住宅ローンに組み込めるかで負担が異なる

●ローンの対象になる可能性がある費用の一例（フラット35の場合）

① 新築住宅の、建物の外にある門・車庫・塀・柵・垣根などの構造物の工事費用。
② 不動産売買契約書に貼付する収入印紙の代金。
③ 水道を引き込むために給水装置を新設する工事で、水道局に支払う費用。
④ 購入した物件が住宅ローンの基準に適合しているかを調査するための費用。
⑤ 長期優良住宅として認定を受けるための書類作成にかかる費用。
⑥ 注文住宅の建設で、整地・設計・内装工事などにかかる費用

※住宅ローンの申込み先によって規定が異なります。事前に確認してください。

ローンの概算

借入可能額と、無理なく返せる金額の違いを知る

購入できる家の価格は、自己資金と借入金の合計です。多くの金融機関は、年収の約35パーセントを年間に返済可能な金額としています。車のローンなど、ほかに借入がなければ、今の年収の3割程度の返済可能額が借入可能と考えられます。

ただし、上限までは借りないこと。大切なのはいくら借りられるかではなく、いくらなら無理なく返せるかです。購入後は固定資産税や、マンションの場合は管理費や修繕積立金などの出費もあります。

現在の住宅費をもとに、新たに発生する維持費を差し引いた金額が、適正な返済額の目安となります。

借入可能額を概算する

年収負担率とは？

一年間の収入に対する住宅ローンの返済額の割合。住宅ローンの借入可能額に関わる。

〈例〉

借入先	年収負担率	
銀行	35%前後	
住宅金融支援機構	年収400万円未満	年収400万円超
	30%	35%

住宅金融支援機構のホームページで概算できる

住宅金融支援機構のホームページでは、借入額のシミュレーションができる。年収や月々返済額などさまざまな条件からおおよその借入可能額がわかる。

〈例〉年収から概算

年収 ………… **500万円**
金利 ………… **1.4% 全期間固定金利**
借入期間 ……… **35年、元利均等返済**

➡ **4,839万円**

無理なく返せる金額を知る

無理なく返せる毎月の返済額

今の住宅費（家賃、駐車場代など）　－　住宅取得後の月あたりの維持費（固定資産税など）

住宅を買うとローンの返済額以外に出費がある

〈例〉

今の住宅費　住宅取得後の月あたりの維持費　無理なく返せる毎月の返済額

（12万5,000円+5,000円）　－　4万円　＝　9万円

住宅金融支援機構のホームページで月々の返済額から概算

月々返済額 ‥‥‥ **9**万円

金利 ‥‥‥‥‥‥ **1.4**％　全期間固定金利

借入期間 ‥‥‥‥ **35**年、元利均等返済

借入可能額と、無理なく返済できる金額は、2,000万円近い開きが出る

➡ **2,986**万円

TOPICS

シミュレーションサイトを活用する

住宅ローンの条件や借入可能額は、借入先の金融機関によって異なります。金融機関や不動産会社のホームページでシミュレーションができることがあるので、活用してみましょう。

- **住宅金融支援機構**　年収、月々返済可能額などから試算ができる。
  ローンシミュレーション　http://www.flat35.com/simulation/sim1.html
- **金融機関**　各社の金融商品に合わせた試算ができる。
  例：三菱UFJ銀行　新規お借り入れシミュレーション
  http://homeloan.bk.mufg.jp/sim/shinki
- **不動産会社**
  例：リクルートSUUMO 支払額シミュレーション
  http://smp.suumo.jp/apps/loansimulator/index.html

返済計画

繰り上げ返済を前提とした返済計画を立てる

35年ローンとは、35年間払い続けるということではなく、35年以内に完済するという契約です。返済は早いほど総返済額が低くなるため、ローンは、早くたくさん返すのが鉄則です。そのためには、繰り上げ返済が必須です。ライフプランを考え、繰り上げ返済の時期や金額を想定しておきましょう。

子どもがいる家庭なら、子どもが小中学生で、学費がかからない時期に、教育費などの備えをある程度残して、繰り上げ返済をしましょう。

次のタイミングは、子どもが独立した後。老後資金を考えながら、定年までの完済が理想です。

繰り上げ返済に適した期間がある

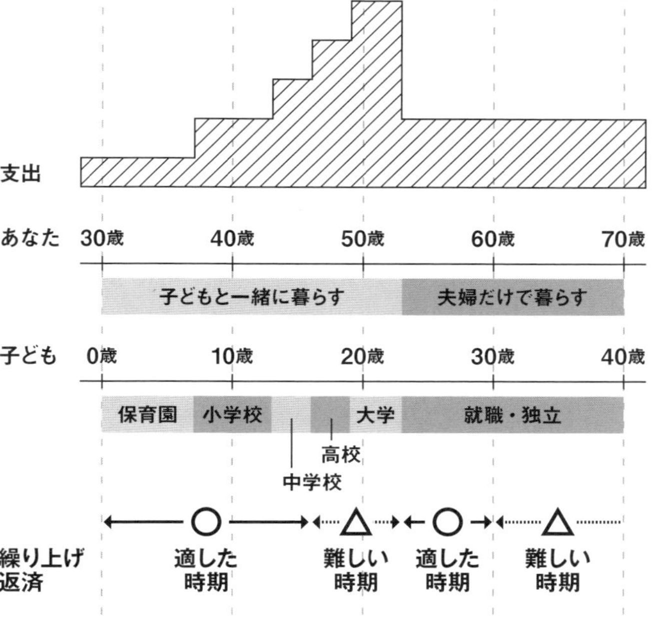

2種類ある繰り上げ方法から選ぶ

借入期間を短くする 期間短縮型

毎月の返済額に加えて、まとまった金額を支払うことで残高を減らし、返済の回数を減らす。月々の返済額は変わらない。

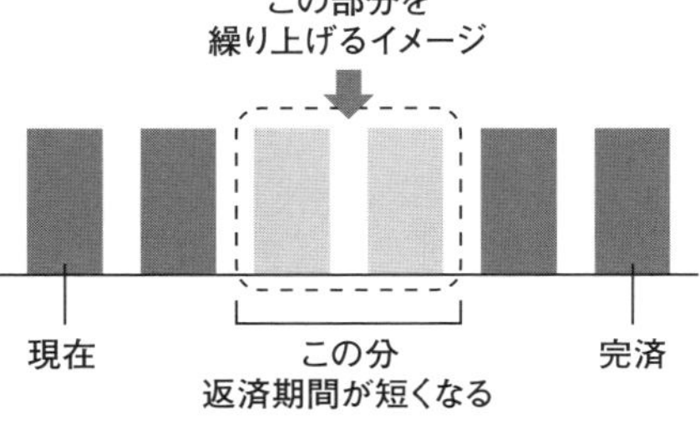

メリット

- 利息を減らす効果が高い。
- 返済が早くなり、老後の負担が軽くなる。

デメリット

- 手元の貯蓄が減り、予想外の支出に対応できない。

月々の返済額を減らす 返済額軽減型

まとまった金額を支払うことで残高を減らし、繰り上げ返済以降の月々返済額を減らす。返済期間は変わらない。

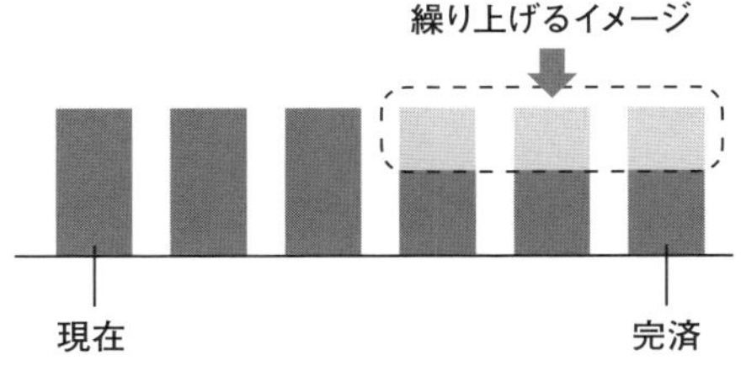

メリット

- 生活に少しゆとりが生まれる。

デメリット

- 利息を減らす効果が低い。
- 老後も月々の返済が続く。

〈例〉

借入金額 ･･･ 2,000万円
返済方法 ･･･ 元利均等返済
金利 ･･････ 年利1.5%（全期間固定）
返済期間 ･･･ 35年

条件 ･･････ 10年目で200万円を繰り上げ返済する
繰り上げ前の月々返済額 ･････････ 6万1,236円

期間短縮型

月々返済額 ･･････ **6万1,236円**
残りの返済期間 ･･･ **21年1カ月**（＝約4年早く完済する）
減少する利息額 ･･･ **82万7,939円**

返済額軽減型

月々返済額 ･･････ **5万3,238円**（＝約8,000円減る）
残りの返済期間 ･･･ **25年**
減少する利息額 ･･･ **39万9,656円**

※カシオ計算機株式会社「keisan」を用いて試算。http://keisan.casio.jp/

ローンの種類

金利・借入額などの融資条件を比べ、住宅ローンの借入先を選ぶ

主な住宅ローンの取扱期間と特徴

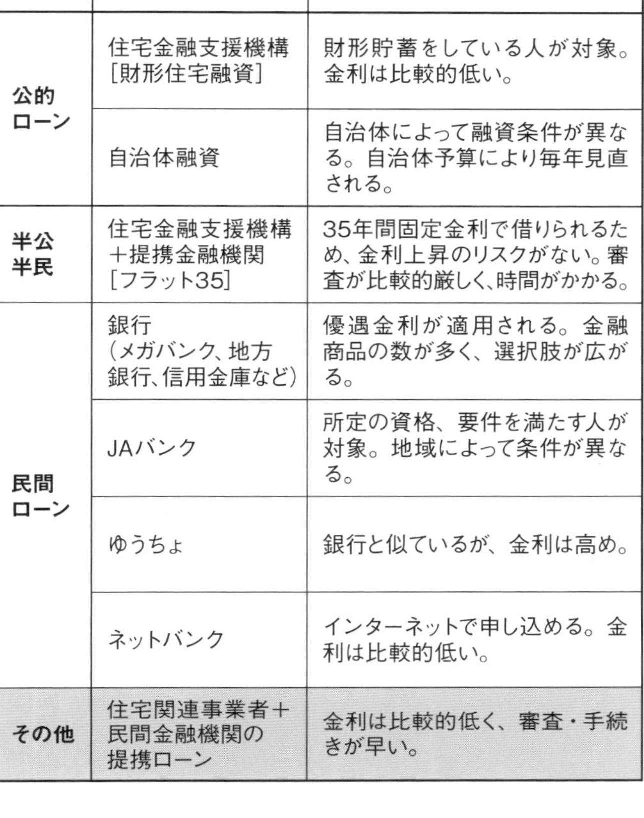

	機関	特徴
公的ローン	住宅金融支援機構［財形住宅融資］	財形貯蓄をしている人が対象。金利は比較的低い。
	自治体融資	自治体によって融資条件が異なる。自治体予算により毎年見直される。
半公半民	住宅金融支援機構＋提携金融機関［フラット35］	35年間固定金利で借りられるため、金利上昇のリスクがない。審査が比較的厳しく、時間がかかる。
民間ローン	銀行（メガバンク、地方銀行、信用金庫など）	優遇金利が適用される。金融商品の数が多く、選択肢が広がる。
	JAバンク	所定の資格、要件を満たす人が対象。地域によって条件が異なる。
	ゆうちょ	銀行と似ているが、金利は高め。
	ネットバンク	インターネットで申し込める。金利は比較的低い。
その他	住宅関連事業者＋民間金融機関の提携ローン	金利は比較的低く、審査・手続きが早い。

一般に金融機関などの融資は、使途や担保の有無により条件が異なりますが、住宅ローンは使途も担保も明確なので、比較的低金利が適用されます。

住宅ローンは、さまざまな金融機関が取り扱っています。もっとも一般的なのが、住宅金融支援機構と提携の金融機関が行うフラット35です。そのほか、一般の金融機関のほか、不動産会社などの提携ローンもあります。

金利や保証料、優遇内容などは金融機関によって異なります。条件を細かく比較して、納得のいく選択をしてください。

住宅ローン商品の違いは9つのポイントで比較する

☐

金利

住宅ローンの金利は金融機関によって異なる。さらに金利のタイプによって返済額が変わる。

- **全期間固定金利型**
- **固定金利期間選択型**
- **変動金利型**

▶ 詳細はP140

☐

借入可能額

借入可能額は金融機関によって異なる。公的ローンは借入可能額が銀行などより低い傾向がある。審査によって最終的な借入可能額が決まるが、金額が大きいほど審査は厳しい。

☐

借入期間

最長35年が一般的。借入期間が長いほど支払う利息が増える。貯蓄が十分にあれば借入期間が短いほどよいが、将来のリスクと貯蓄額を考慮して考える。

☐

事務手数料

ローンの申込み時には、金融機関に手数料を支払う。融資金額に応じて変動する定率制と一定の事務手数料を支払う定額制がある。通常は定額制のほうが安い。

☐

返済方法

返済方法には主に下記の2つがあるが、金融機関によっては元利均等返済しか扱っていないこともある。

- **元利均等返済**
- **元金均等返済**

▶ 詳細はP142

☐

繰り上げ返済のルール

繰り上げ返済時に、ローンの組み換えによる手数料が発生する。中には、繰り上げ時の手数料を無料にしている金融機関もあるので、注意して吟味したい。

☐

団体信用生命保険

死亡時に住宅ローンを清算するための保険。ローンに含まれている場合と任意加入する場合がある。病気療養による就業困難・失業時の特約があることも。必要な保障が備わっているか確認。

☐

優遇の内容

耐震やエコなどの設備が優良な物件は、住宅ローン金利の優遇が受けられる場合もある。
〈例〉［フラット35s］耐震構造の基準を満たした物件は金利が低くなる。

☐

保証料など

ローンの返済ができなくなったときに肩代わりしてもらうために保証会社に支払う。金融商品によって、保証が必要な場合と不要な場合ある。

必要▶銀行
不要▶フラット35、ネットバンク

固定金利、変動金利

ずっと変わらない固定金利、そのときどきで変わる変動金利

住宅ローンの金利は、固定、期間選択型固定、変動の3種類。変動型は短期プライムレートという金利が基準です。金利は普通、景気が悪ければ低く、よくなれば上昇します。また、国債価格が下がれば、国債金利が上昇するので金利は上がり、国債価格が上がれば国債金利は下落するので、金利は下がります。

一般に変動型のほうが固定型より金利は低いですが、将来景気がよくなり金利が上がると予想されれば、固定のほうが安心。金利上昇の気配がなければ、当面は変動で借りておき、景気次第で固定にするという方法もあります。

3タイプからそのときベストなものを選ぶ

ローン完済までずっと同じ金利

全期間固定金利型

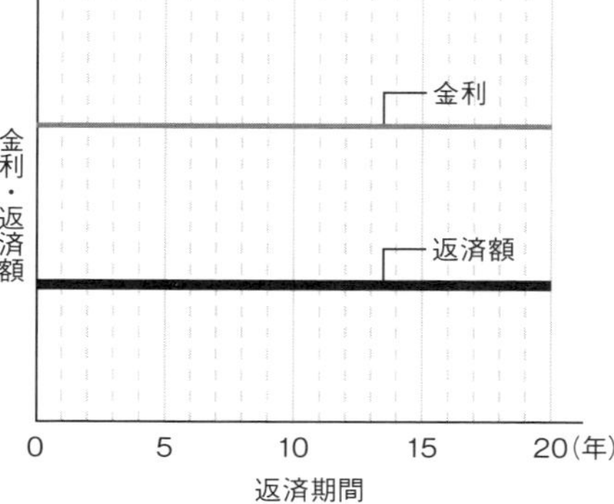

返済開始から完済までずっと、借入当初の金利が適用される。金利が固定されているため、返済額が一定になる。

金利設定 ・・・変動金利より高めになる
変動リスク ・・なし
メリット ・・・・金利水準が上がっても返済額は影響を受けない
デメリット ・・・金利水準が著しく下がると損をする
向く人・・・・・・安定志向で返済の予測を立てたい人。貯蓄や収入にあまり余裕がない人

半年ごとに金利を見直す
変動金利型

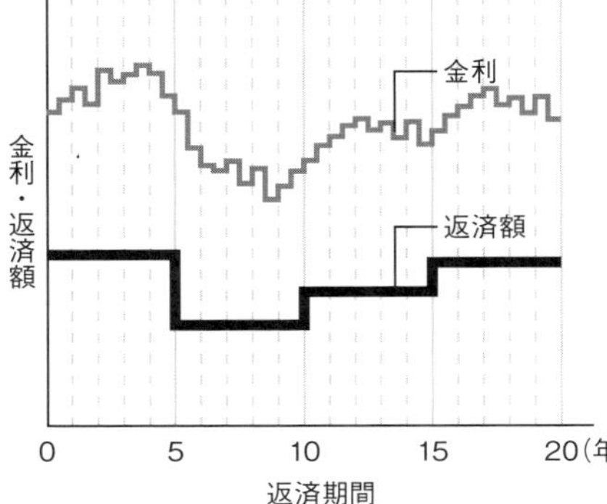

半年ごとに金利が見直され、その金利の動きをもとに5年ごとに返済額が見直される。金利が上がると利息が増え、返済額も増える。

金利設定 ・・・固定金利より低いこともある
変動リスク ・・あり
メリット ・・・・金利水準が著しく下がれば、返済額が少なくなる
デメリット ・・・金利が上がると返済額が増える。総返済額の予測ができない
向く人・・・・・・冒険や変化を好む人。金利や消費税などの動向に勉強熱心な人

3年・5年ごとに金利を見直す
固定金利期間選択型

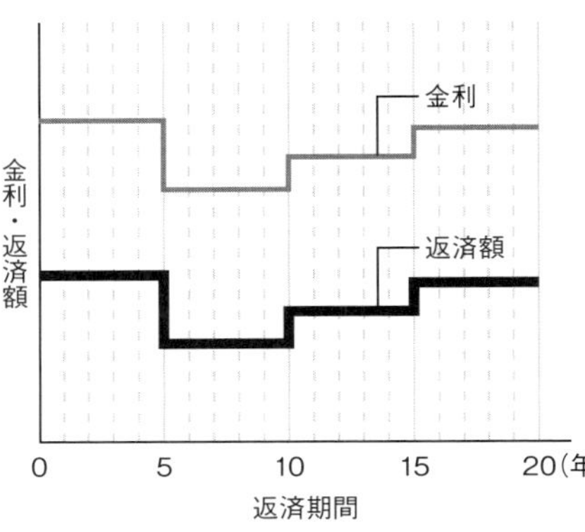

3年、5年などの期間を決め、その期間にわたり金利を固定する。期間ごとに、その時点での金利の動向を見て再び金利タイプを選択。

金利設定 ・・・その都度選ぶ金利による
変動リスク ・・あり
メリット ・・・・固定金利を選択している期間は返済額が安定する
デメリット ・・・金利が上がると返済額が増える。総返済額の予測ができない
向く人・・・・・・家計の状況によって返済額をこまめに変えたい人

ただし、景気が回復する局面では、変動より固定が先に上昇するため注意が必要です。

また、財政悪化で国の信用力が低下して国債価格が下落すると、景気が悪くても金利は上昇します。

性格的にリスクを嫌う人は、固定がお勧め。余裕資金があり、リスク管理できるなら変動で借りて景気次第で借り換えるのが賢明です。安定の固定型か、無駄のない変動型か。どちらも一長一短です。よく検討してください。

変動金利のもとになる「短期プライムレート」とは？

大手都市銀行などが優良企業向けに短期（1年以内）で貸し出す際に適用する金利を「短期プライムレート」という。
最優遇貸出金利とも呼ばれる低い利率で、住宅ローンの変動金利はこれに伴い変動する。この短期プライムレートに各金融機関が個別に金利を上乗せし、住宅ローンの変動金利が決まる。

元利
均等返済

借入期間と返済方法により返済額が変わる

金利には、元金に金利をかける単利と、利息を含めた金額に金利をかける複利があり、住宅ローンは複利です。このため期間が長いほど利息が増え、返済額も膨らみます。

返済方法は、元利均等返済と元金均等返済の2種類。前者は、月々の返済額は一定で、内訳の利息と元金の割合が変化するしくみ。後者は、元金返済額を一定にして、そこに利息を上乗せする方法です。総支払額は元金均等返済のほうが少なくなりますが、当初は月ごとの支払額が多く、年収負担率を上回って利用できないことも。取り扱わない金融機関もあり、元利均等返済が一般的です。

借入期間が長いほど返済額は増える

〈例〉
1,000万円を借りる場合

借入額　元金1,000万円

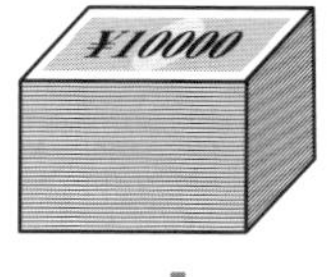
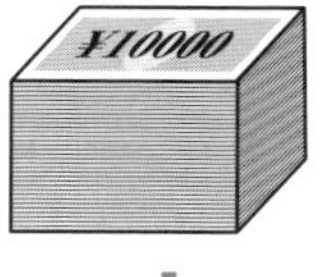

＋

利息　金利が年利2%なら
元金の残高＋利息 に対して2%
＝それを12で割って月々の返済額と一緒に支払う

＝

総支払額

金利のしくみのポイント

- 原則、利息は年利でかかる
- 残高＋利息の金額に対してかかる
- 総返済額は借入額よりも増える
- 複雑な計算方法で算出される（本書では省略）

利息をどのように支払うかで2種類の返済方法がある

借入額が少ない人に

元金均等返済

元金すべてにかかる利息を支払うため、初年度の返済額が多くなる

月々返済額

利息

元金

返済期間

ポイント

- **元金を均等に返済する**
- **月々の返済額は減っていく**
- **総返済額は、元利均等返済に比べて少なくなる**
- **取り扱っていない金融機関もある**

元金を毎月一定額ずつ返済していく。金利は残高＋利息にかかるため、残高が多い最初のうちは返済額が大きくなる。借入額が少なく返済期間が短期間なら有利なケースもあるが、借入額が多い場合はあまり現実的でない。

借入額が多い人に

元利均等返済

ポイント

- **月々の返済額が一定になる**
- **はじめは利息を多く返済。徐々に元金の返済が進む**
- **総返済額は元金均等返済に比べて多くなる**
- **ほとんどの金融機関で取り扱われている**

複雑な計算をして、月々の返済額が一定になるように調整されている。返済額の内訳のうち、はじめは利息がほとんどを占めているが、だんだんと元金が減っていく。返済額が一定なので生活の見通しが立てやすい。

減税制度

住宅ローン減税を利用し、家の購入後の税金を抑える

ローンで家を取得した場合、住宅ローン減税の対象となれば所得税の控除が受けられることがあります。

2014年4月の消費税増税に伴い、この制度は大幅に拡充され、現在では最大10年間で400万円もの控除を受けることができます。所得税で控除しきれない場合、住民税からも一部控除を受けられます。

控除には、対象者の年収や住宅の種類などに条件があります。夫婦で借りた場合には、2人とも控除が受けられます。

また、リフォームも対象となるので、該当すると思う方は、適用条件をチェックしてみてください。

所得税から控除を受けられる

一般的な住宅

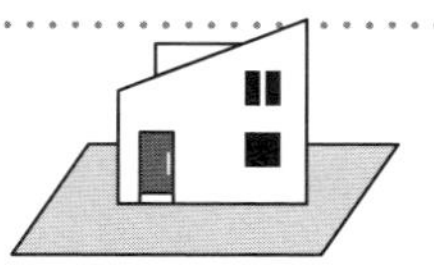

● **対象者**

合計所得金額3,000万円以下

● **対象となる住宅ローン**

次の目的で返済期間10年以上のローンの年末残高

・住宅の新築、取得　・住宅とともに取得する土地

● **対象となる住宅**

新築なら床面積50㎡以上。中古なら床面積50㎡以上、築20年以内（耐火建築物なら25年以内）、または耐震基準を満たしている（取得後に耐震工事を行う場合も対象）。

● **控除額**

売主	個人	業者
最大控除額（10年間合計）	200万円（20万円×10年）	400万円（40万円×10年）
控除率、控除期間	1%、10年間	1%、10年間
住民税からの控除限度額*	9万7,500円／年（前年課税所得額×5%）	13万6,500円／年（前年課税所得額×7%）
居住年	2014年4月～2021年12月	

*住民税からの控除は所得税から控除しきれなかった額を対象。

長期優良住宅などの認定住宅

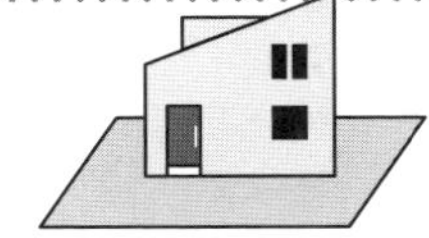

● 対象者

合計所得金額3,000万円以下

● 対象となる住宅ローン

次の目的で返済期間10年以上のローンの年末残高。

・住宅の新築、取得
・住宅とともに取得する土地

● 対象となる住宅

床面積50㎡以上の認定長期優良住宅、認定低炭素住宅。

● 控除額

居住年	2014年4月～2021年12月
ローンの年末残高の上限	5,000万円
控除率	1.0%
各年の控除限度額	50万円
最大控除額	500万円

控除を受けるには

購入・入居の翌年3月15日まで

必要書類を揃えて確定申告を行い、住宅ローン減税の申請をする。

↓

2年目以降

年末調整で控除を受けられる。

※ここでは住宅を購入するときの主な条件を示しました（注文建築の場合は省略）。適用期限、他制度との併用・選択などに関する詳細は、財務省のホームページなどで確認してください。

TOPICS

減税効果が少ない人のための給付金制度がある

住宅ローン減税は所得額に応じて税額控除額が決まるため、所得が低くなるほど減税効果が小さくなります。減税効果があまり得られない人に対して、「すまい給付金」という制度があります。住宅ローン減税と給付金の受給を併用することで、より負担を減らすことができます。

〈主な要件〉

- **収入が、消費税が8%のとき510万円以下、10%のとき775万円以下の人**
- **床面積50㎡以上で、第三者機関の検査を受けた住宅**
- **住宅返済期間が5年以上の、金融機関からの住宅ローン**

登記簿

名義人・抵当権を見て、トラブルを招きそうな物件を見抜く

不動産の所有者や権利状況は、登記簿謄本に書かれています。不動産会社で見せてもらえますが、管轄の法務局出張所に行けば、自分で参照することもできます。

中古の場合、共同名義になっていると、所有者全員の承諾を得ないと売買契約がまとまらないリスクがあります。借入金が売買価格を上回っていたり、ほかの物件との共同担保になっているときは、当該物件の抵当権が外れるかどうか、不動産会社で調べてもらいます。

新築の場合、そのような心配はありませんが、登記上の面積が実測と異なる場合もあるので要確認です。

登記簿の情報は完全ではない

Point ❶

面積が実測と異なることも

売買時に知らされている面積と登記上の面積が異なることがある。隣家との土地の境界のトラブルがないかどうか必ず確認する。実測面積が極端に少ない場合、売買価格が妥当かどうかも確認する必要がある。

Point ❷

名義人が必ずしも今の所有者とは限らない

法律上は登記に関係なく所有権の移転が認められるため、登記名義人と今の所有者が異なることもある。利害関係を確認し、所有権の争いにならないよう注意する。また、共同所有の場合も権利者が複数いてトラブルになりやすい。できれば避けたい。

Point ❸

借入残高・売買価格をチェックする

住宅ローンの借入先・借入額などが示されている。中古住宅で売買価格以上のローン残高がある場合、売主が完済しない限り抵当権が外れないため、売買契約が白紙になる可能性も。売主に借入残高を確認する。

Point ❹

登記名義人がローンを借りている

抵当権とは借入の担保のこと。家と土地を担保にお金を借りていることがわかる。中古住宅の場合、複数の不動産と共同担保になっていると、利害関係が複雑になるので避けたい。

中古住宅の登記簿

<table>
<tr><td colspan="2">表題部（土地の表示）</td><td>調整</td><td></td><td>不動産番号</td><td>○○○○○</td></tr>
<tr><td>地図番号</td><td colspan="2"></td><td>筆界特定</td><td colspan="2"></td></tr>
<tr><td>所在</td><td colspan="3">○○区○○町○丁目○○番地</td><td colspan="2"></td></tr>
<tr><td>①地番</td><td>②地目</td><td colspan="2">③地積　㎡</td><td colspan="2">原因及びその日付
[登記の日付]</td></tr>
<tr><td>○○○番
○○</td><td>宅地</td><td colspan="2">○○ ┊ ○○</td><td colspan="2">○○○番○○から取得
（平成○年○月○日）</td></tr>
</table>

1

権利部（甲区）（所有権に関する事項）			
順位番号	登記の目的	受付年月日・受付番号	権利者その他の事項
1	所有権保存	平成○年○月○日 第○○○○○号	共有者 ○○区○○町○丁目 ○○番地　□□□□ 山田○平 ○○市○○区○丁目 ○○番地　○○○ 川田○枝

2

権利部（乙区）（所有権以外の権利に関する事項）			
順位番号	登記の目的	受付年月日・受付番号	権利者その他の事項
1	抵当権設定	平成○年○月○日 第○○○○○号	原因 平成○年○月○日 金銭消費貸借契約 債権額 金○○○○万円 利息　年○% 損害金 年○%（年365日日割計算） 債務者 ○○区○○町○丁目 ○○番地　□□□□ 抵当権者 ○○区○○町○丁目 ○番地 株式会社△△△銀行 （取扱店　△△支店） 共同担保 目録（あ）第○○○○号

4

3

条件交渉

売り出し時期と売却理由を知り、効果的な条件交渉をする

物件によっては、交渉次第で若干の値引きが期待できるものがあります。交渉に応じてくれるかどうかを探る手掛かりは、売主が売却にかけられる期間。すぐ現金化したいのか、または数カ月以上かかってもいいと考えているのかに左右されます。売却を急ぐ売主は、交渉に応じてくれる可能性も高まります。

交渉の可能性は、売却理由からも予測できます。仕事や通学の都合や、新居が完成済みで引越しを急ぎたい場合などは、多少妥協しても売りたいと思っていることがあります。また、長い間売りに出ている家も交渉できる可能性が高くなります。

住宅の売却理由の例

ほかにも
こんな理由が……
- 近隣トラブルで住みづらくなった
- 相続したが誰も住まないので
- お金に困窮して資産を売却したい
- 事故物件だから

など

不動産会社は3つの段階に物件を分けている

条件交渉しやすい ⟷ 条件交渉しにくい

早急に売りたい物件	3カ月以内に売りたい物件	3カ月以上かけて売る物件
条件交渉してみる価値がある 売れ残っている物件には、不動産会社がそれ以上広告宣伝費をかけたがらない。また、売主の都合（住み替え先の物件が完成したなど）で早急に手放す必要があることも。	**売主の状況をよく聞く** 中古住宅で、売主の住み替え先の物件が建築中である場合などがある。完成後も今の家が売れ残ったら、値下げをする可能性も。条件交渉のタイミングを見極めるべき。	**交渉できるか否か両極端** 通常は、売却に長期間かかると価格は低くなる。しかし、それでも3カ月以上かけるのは、ローンが多く残っている場合や、売り急いでいない場合。物件ごとに不動産会社に相談する。

TOPICS

ワケあり物件は半額程度になることも

何らかの理由によりそこで人が死亡した物件は「事故物件」と呼ばれ、住む人の心理的負担が大きくなります。インターネットで事故物件を紹介したサイトなどを見てみるのもよいでしょう。気にならなければ、事故物件は半額程度で売却や賃貸に出されることもあります。

ひと言

売主の立場になって。やたら値切るのはやめよう

中古住宅の売主は、多くの場合は個人です。商売ではないので、企業のサービス感覚で条件交渉をしてはいけません。

中古住宅で条件交渉をするのは、購入の見込みが高いことが前提で、価格を下げる正当な理由（ホームインスペクションで欠陥が見つかったなど）がある場合のみにとどめるのがよいでしょう。

契約の流れ

条件や特約をもれなく確認し、契約を締結する

売買契約で重要な書類

不動産媒介契約書

売主・買主と不動産会社

売買に関しての活動や手続きを依頼するために、不動産会社と媒介契約を結ぶための書類。媒介契約には種類があるが、購入の場合は「一般媒介契約」が主になる。

重要事項説明書

売買契約を締結する前に、物件に関する重要な事項を確認するための書類。宅地建物取引士から口頭で読み上げられる。

▶ P152へ

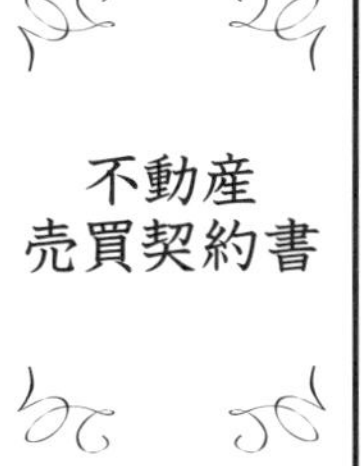

不動産売買契約書

買主と売主

これまで見てきた物件状況や、売主と買主で話し合ってきた条件が反映されていることを確認し、最終的に売主と売買契約を結ぶ。

▶ P154へ

気に入った家が見つかったら、いよいよ購入手続きです。不動産購入申込書に希望価格や引渡し時期、支払方法などを記入します。売主との条件が合えば、売買契約の準備です。

まず宅地建物取引士から重要事項説明書の説明や不動産会社と媒介契約を締結します。融資可能概算額を見積もるため、銀行の事前審査を受けましょう。次に、売主と買主の間で売買契約を締結します。通常、売買代金の約10％を目安とした手付金を支払います。契約後、正式な融資申込みをし、審査が通れば引渡しです。その日のうちに残金支払いと名義変更などの登記を行います。

不動産の購入申込みから引渡しまで

1 媒介契約

不動産会社に物件紹介から売買契約成立までの仲介を依頼する。ただしこれまでの慣習で、2と順番が入れ替わったり、3の後になることもある。

▶ 右ページ

2 重要事項説明

売主と買主の双方が物件の重要事項について理解する。宅地建物取引士が口頭で確認する。不明な点があればここまでに明らかにする。

▶ 関連ページ　P152

3 売買契約

売主・買主・不動産会社が集まり、契約書の内容を確認して捺印する。手付金を支払い、必要書類を受け取る。

▶ 関連ページ　P154

4 住宅ローンの申込み

契約から数日以内に、金融機関の窓口で住宅ローンを申し込む。手続きの内容や期間を金融機関に確認しておく。

▶ 金融機関に申し込む

5 必要書類と金銭の準備

自己資金の準備や登記に必要な書類の用意が必要。不動産会社に確認して早めに用意する。

▶ 決済に必要な書類の準備
▶ 引越し業者の手配
などを行う

6 物件状況立ち会い確認

決済日より前に行う。売主・買主・不動産会社の立ち会いのもと、物件状況等報告書、付帯設備表などを見ながら確認する。

▶ 土地の境界の確認
▶ 物件の状況の確認
などを行う

7 決済・引渡し完了

売主・買主・不動産会社・司法書士などが集まって残代金の決済を行う。

▶ 登記書類・鍵などの受け渡し
▶ 残金の決済
などを行う

重要事項説明

建築時の制限や私道の負担など不利な条件がないか注意する

事前に買主は契約前に宅地建物取引士から重要事項説明書を交付され、口頭で説明を受けます。

重要事項説明書とは、物件や取引条件などについて、買主が知っておくべき事柄を記載した書面です。写しをもらい、読み込んでおきます。特記事項には、現地見学だけではわからない、物件や周辺環境に関する事柄も記されています。

不利な条件がないか、注意深く確認しましょう。

2018年4月の法改正で、建物状況調査（インスペクション）の有無や結果を開示することが義務づけられました。

3つのブロックで構成されている

対象となる土地・建物に関する事項

（1）登記簿の記載事項
土地と建物の権利者、抵当権の内容などが書かれている。売主が登記名義人であること、抵当権が外れるかどうか（P146）を確認する。

（2）建築の制限
土地に関わる制限の内容が書かれている。用途地域、建ぺい率、容積率など、建替えや売却のときに不利になる条件がないか確認する。

（3）私道に関する負担
私道に接している物件の場合、購入後の負担を確認する。

（4）その他
電気・ガス・上水道・下水道の設備、住宅の構造や図面、マンションの場合は共用部分と専有部分の管理・利用に関する規約などが書かれている。

2018年から

建物状況調査の実施の有無
改正宅建業法により、建物状況調査（インスペクション）を売主が行ったかどうかの説明が義務化。買主が建物の状況を正しく把握し、購入できるようにするための情報を提供する目的がある。

取引に関する事項

（1）授受する金銭
売買代金以外にやりとりするお金（手付金、マンションなら管理費の精算金など）の目録と金額が書かれている。

（2）契約解除に関する事項
契約解除ができる条件と、契約解除になった場合の双方の義務などについて書かれている。不利な条項がないか確認する。

（3）損害賠償、違約金に関する事項
契約違反をした場合の損害賠償と違約金の金額を決めておく。契約解除の原因が売主の場合と買主の場合についてそれぞれ決められる。

（4）手付金・支払金・預かり金の保全措置
物件の引渡し前に授受する金銭を、契約解除になった場合に返還してもらう措置があるかどうかを確認する。

（5）住宅ローンが借りられない場合の措置
住宅ローンの審査が下りなかったときに契約を白紙に戻せる特約があることを確認する。解除期間が長く設けられていると安心。

（6）その他
国土交通省が定める事項や、完成していない場合、完成時の形状などについての取り決めをする。

その他

（1）取引様態
売買契約・貸借契約などの別、売主・代理などの別が記載される。

（2）供託所などに関する説明
不動産会社から不利益を被った場合に、供託所への還付金や保証協会への弁済金請求ができる旨の説明が書かれている。

（3）契約に関わった宅地建物取引業者
不動産会社の名前・所在地・免許番号、担当した宅地建物取引士の名前などが書かれている。

不明点は遠慮なく尋ねましょう。すべての内容を理解することが大切です

ひと言

特記事項が延々と続く重要事項説明書もある!?

トラブルを防ぐために、売主が買主に伝えておきたいことが特記事項として記載されます。主に、騒音がある、過去の災害被害の状況、心理的瑕疵（過去に自殺や殺人事件があったなど）が記載されます。近年では権利意識の高まりから、かなり細かいことまで記載されることも。面倒でも1つずつ確認しましょう。

契約書、瑕疵担保責任

欠陥があったときの責任を、誰が何年負うか確認する

契約書で重要なのが、瑕疵（かし）担保責任に関する定めです。隠れた欠陥が見つかった際、売主が負う責任のことで、新築は10年以上、中古は、売主が不動産会社の場合は2年以上と定められています。売主が個人の場合は規定がなく、2～3カ月から半年程度が一般的です。

取引では現状有姿といい、「あるがままの状態」を優先するという原則がありますが、シロアリ被害など隠れた欠陥は瑕疵担保責任の対象です。建物の劣化や売主の事情で免責となっている場合、瑕疵担保責任保険に加入すると、補修費用を支払ってもらうことができます。

不動産売買契約書に書かれていること

- 契約当事者の氏名、住所
- 売買の対象となる不動産の所在地
- 売買代金とその支払い方法
- 引渡しの時期、所有権移転時期、登記申請
- 売買代金の清算方法
- 売買代金以外に手続きにかかる費用負担についての定め
- 手付金、契約解除についての定め
- 契約違反の場合の取り決め
- 住宅ローン利用時の特約
- 災害など不可抗力による損害賠償責任の所在と負担
- 瑕疵担保責任に関する定め
- 固定資産税などの清算方法

など

見るときのポイント

- 重要事項説明書で確認したことと相違がないか。
- 契約前に交渉した内容が反映されているか。
- 金額や期限など、数字の誤りがないか。
- 不明な内容、不利な内容がないか。

特に見るべきなのは「瑕疵担保責任」の項

瑕疵担保責任とは

売主が知らなかった隠れた瑕疵があった場合に、
売主が負う責任のこと。その有無と期間が重要になる。

〈 期間の例 〉
新築で売主が業者：10年以上
中古で売主が個人：2カ月～任意
中古で売主が業者：2年以上

免責となっている場合は要注意

〈 例 〉

- 建物が古く、ほとんど土地価格のみ＝**隠れた瑕疵がある可能性が極めて高い**
- 売主が経済的に破綻している＝**売主が責任を負いきれない**

▼

建物状況調査（インスペクション）の確認

中古住宅の場合は、建物状況調査で得られた、建物の構造耐力上主要な部分の状況や、その他の実態的に明らかな劣化等を記載した書面を確認する。

▼

住宅瑕疵担保責任保険に加入する

インスペクションなどの結果、要件を満たしていれば、住宅瑕疵担保責任保険の取り扱い業者に保険加入を依頼する。取り扱い業者は、検査会社やリフォームなどの施工会社並びに不動産会社。住宅瑕疵担保責任保険協会のホームページで検索できる。

▼

瑕疵があれば、保険金によって修繕できる

住宅に瑕疵があった場合、保険金によって修繕できる。保険金は、検査会社などへ直接支払われることになる。適用される瑕疵の内容などに要件が定められている。

報告書

中古住宅ならチェック必須の、付帯設備表及び物件状況等報告書

中古住宅の場合、売主の居住中に物件を見学することが多いため、棚や照明などの設備が、どの程度残されるのかはっきりしないことがあります。このため売主は「付帯設備表」に記入して、どこまで売却物件に含まれるのかを買主に告知します。また、雨もりやシロアリ被害、近隣の騒音や申し合わせなどの伝達事項は「物件状況等報告書」で確認します。

これらの書面に虚偽があれば契約違反となりますが、書面上で「不明」とされていれば、売主に責任を問うことはできません。十分に確認した上で、リスク対策は自分の責任において行いましょう。

売主にしかわからない情報が書いてある

1

物件状況等報告書（土地建物・土地用）　［ 物件名：○○区○○町○丁目　一戸建て ］

売主は、売主が現在知っている売買物件の状況について、以下のとおり買主に説明いたします。売買物件には経過年数に伴う変化や、通常使用による摩耗・損耗がありますのでご承知おきください。※売主が責任を負う瑕疵（欠陥や不具合のことをいいます）の範囲は、売買契約書に記載されたとおりです。

① 雨漏り	ア. 現在まで雨漏りを発見していない。 (イ.) 過去に雨漏りがあった。　箇所：2階西側和室の南側天井 修理：（ 未・(済)） 昭和・(平成) ○ 年 ○ 月頃　屋根葺き替え工事実施 ウ. 現在雨漏りがある。　箇所：
② シロアリの害	ア. 現在までシロアリの害を発見していない。 シロアリ予防工事：（ 未・済 ） 昭和・平成 ○ 年 ○ 月頃 (イ.) 過去にシロアリの害があった。　箇所：1階洗面所床下 シロアリの駆除：（ 未・(済)） 昭和・(平成) ○ 年 ○ 月頃 被害箇所を含む床下全体に薬剤散布済み。 被害箇所の修理：（ 未・(済)） 昭和・(平成) ○ 年 ○ 月頃 ウ. 現在シロアリの害がある。　箇所：
③ 腐蝕	（(発見している)・発見していない ）　箇所：浴室ドアの木枠 状況：木枠の下部に水気が原因と思われる腐蝕がある。
④ 給排水管（敷地内配管を含む）の故障	（(発見している)・発見していない ） 箇所・状況：台所の流し台の下の配水管が時々詰まる。
⑤ 建物の傾き	（(発見している)・発見していない ）　箇所：1階和室 状況：南側に傾いている。
⑥ 増改築	（ 無・(有)・不明 ） 昭和・(平成) ○ 年 ○ 月頃　箇所：1階サンルームを増築。 増改築に関わった建設業者名：○○建設株式会社
⑦ 火災等の被害	（ 無・(有)） 昭和・(平成) ○ 年 ○ 月頃 箇所・状況：台所・天ぷら油に火が入り、吊り戸棚の下部が焦げたため、化粧板を貼付した。
⑧ 境界、越境について	取決め書（(無)・有 ）　紛争（(無)・有 ） ●境界標の有無　（ 全部有り・(一部無し)・全部無し ） 境界標がない箇所・状況：北側隣接地（地番○番）との境界 ●越境　（ 無・(有)） 場所・状況：西側隣接地境界（ブロック塀）・幅約7cm隣接地に越境。 引継事項：ブロック塀を次回の再築時には境界の内側に設置することになっている。

※物件状況等報告書と付帯設備表は、さまざまな書式があります。ここでは、一般社団法人不動産流通経営協会が国土交通省のガイドラインをもとに作成した書式を紹介しています。

付帯設備表（土地建物用）　［物件名：○○区○○町○丁目　一戸建て］

売主は、「設備の有無」欄で「有」とした各設備を買主に引渡します。ただし、引渡す設備には経年変化および使用に伴う性能低下、キズ、汚れ等があることをご了解ください。「設備の有無」欄で「無」としている設備は、該当するものがないか、または売主が引渡しまでに撤去するものです。

1. 主要設備

主要設備の名称			設備の内容・付帯機能等	設備の有無	故障・不具合	故障・不具合の箇所および具体的内容等
給湯関係	給湯器（電気・(ガス)・石油）		給湯箇所：(台所)・(浴室)・(洗面所)	(有)・無	(有)・無	給湯の温度が不安定。約12年使用。
	バランス釜			有・(無)	有・無	
	太陽熱温水器			有・(無)	有・無	
	湯沸かし器			有	無	
水廻り関係	厨房設備（台所セット）		(流し台)	(有)・無	(有)・無	混合栓：根本部分から水がしみ出る。
			(コンロ)（電気・(ガス)）・(グリル)	(有)・無	(有)・無	右側コンロ：点火装置が作動しない。
			(レンジフード（換気扇）)	(有)・無	有・(無)	
			オーブン・(オーブンレンジ)（電気・(ガス)）	(有)・無	有・(無)	
			浄水器	有・(無)	有・無	
			食器洗い機	有・(無)	有・無	
	浴室設備		(シャワー)	(有)・無	(有)・無	シャワーをかけるフックが壊れている。
			(追焚)・足し湯・保温	(有)・無	(有)・無	追焚機能は使用不能
			浴室内乾燥	有・(無)	有・無	
	洗面設備	1階洗面所	(鏡)・シャワー・(コンセント)・くもり止め	(有)・無	(有)・無	洗面台：ボウルにひびが入っている。
		2階洗面所	鏡、シャワー、コンセント	有	無	
	トイレ設備	1階トイレ	(保温)・(洗浄)・(乾燥)	(有)・無	(有)・無	乾燥機能：温風が出ない。
		2階トイレ	保温、洗浄	有	無	
	洗濯用防水パン		(洗面所)	(有)・無	有・(無)	

これらの書類には、さまざまな書式があります。書面からわからないことがある場合は、積極的に聞いてみましょう

❶

物件状況等報告書

土地や建物の詳しい状況がわかる

過去の雨もりやシロアリ被害、土地の境界をめぐる近隣との関係、引継ぎ事項などについて書かれている。虚偽の内容があれば、契約解除、もしくは補修費を請求することができる。

❷

付帯設備表

どこまで引渡しの対象になるかがわかる

エアコンや照明などが引渡しの対象になるかどうかを1つずつ確認する必要がある。引渡しの対象になるものについて、その状況（不具合がある場合はその内容なども）を確認する。

ひと言

告知書の内容は、売主と不動産会社の姿勢による

物件状況等報告書や付帯設備表では「不明」と答えることができるため、欠陥があっても知らないことにして済ませることも。記入する売主や不動産会社のモラルによります。買主が自己責任の意識をもって物件を選ぶことが求められています。

COLUMN

家を買ったら、各種保険の見直し・新規加入が必須

マイホームの購入時に併せて行いたいのが、各種保険の見直しです。まずは、火災保険。たとえもらい火の火事でも、火元に損害賠償は請求できませんから、火災保険は必須。加入の際は、水災など不要と思われる特約を外したり、個人賠償特約をプラスして自転車事故に備えるなど、自分仕様の保険に組み立てます。

火災による家具や家電などの損害を対象にした家財保険もあります。火災保険だと保険金はローン残債の支払いにあてることになりますが、家財保険なら、家具や生活用品などの購入に使えます。

生命保険も見直します。ローンを組むと団体信用生命保険に加入するので、掛けていた死亡保障は減らし、繰り上げ返済のための貯蓄にまわすという考え方もあります。またフラット35の団体信用生命保険は任意ですが、生命保険料控除の対象にならないなど、民間の生命保険と条件が異なるので、よく比較して有利なほうを選びましょう。

近年は、疾病や収入保障などさまざまなタイプの保険が出ています。ライフプランに合わせ、無駄のない保険に組み替えてください。

参考資料

『いい家を手に入れる45の方法』
（高橋正典・淡河範明・高橋治著、エクスナレッジ）

『不動産・建築・お金のプロが教える　中古住宅の本当にかしこい買い方』
（高橋正典・富田和嗣・後藤浩之著、日本実業出版社）

『プロだけが知っている！　中古住宅の選び方・買い方』
（高橋正典著、朝日新聞出版）

『プロだけが知っている！　中古住宅の魅せ方・売り方』
（高橋正典著、朝日新聞出版）

『不動産広告を読め　勘違いと幻想を生み出す手口』
（高橋正典著、東洋経済新報社）

『実家の処分で困らないために今すぐ知っておきたいこと』
（高橋正典著、かんき出版）

『大手不動産会社のプロが教える　中古住宅の買い方・売り方』
（喜多信行著、住宅新報社）

『新版　家を買いたくなったら』
（長谷川高著、WAVE出版）

『100％ムックシリーズ　マイホーム大全2017』
（MONOQLO特別編集、晋遊舎）

「週刊ダイヤモンド」　2017/10/28 105巻41号
（ダイヤモンド社）

高橋正典（たかはし・まさのり）

不動産コンサルタント。価値住宅株式会社代表取締役。
1970年生まれ。公認不動産コンサルティングマスター、宅地建物取引士、ファイナンシャルプランナー。金融機関勤務を経て、都内不動産デベロッパー役員及び同販売会社代表取締役を経て2008年に株式会社バイヤーズスタイル（現・価値住宅株式会社）を設立。中古住宅（建物）を正しく評価し流通させるためのネットワーク「売却の窓口®」を運営。テレビ出演、雑誌・Webサイトへの寄稿多数。『プロだけが知っている！中古住宅の魅せ方・売り方』『プロだけが知っている！中古住宅の選び方・買い方』（ともに朝日新聞出版）、『不動産広告を読め』（東洋経済新報社）、『中古住宅の本当にかしこい買い方』（共著・日本実業出版社）、『マイホームは、中古の戸建てを買いなさい！』（ダイヤモンド社）、『実家の処分で困らないために今すぐ知っておきたいこと』（かんき出版）など著書多数。

■不動産コンサルタント高橋正典オフィシャルサイト　http://takahashimasanori.com/
■価値住宅株式会社サイト　https://kachi-jyutaku.co.jp/
■売却の窓口®　http://baikyaku-mado.com/

装幀　石川直美（カメガイ デザイン オフィス）
装画　Lesia_G/Shutterstock.com
本文デザイン　ティオ（大石花枝）
本文イラスト　くぬぎ太郎
校正　渡邉郁夫
編集協力　浅田牧子、オフィス201
編集　鈴木恵美（幻冬舎）

知識ゼロからの賢い家の選び方

2018年５月25日　第１刷発行

著　者　高橋正典
発行人　見城　徹
編集人　福島広司

発行所　株式会社　幻冬舎
〒151-0051　東京都渋谷区千駄ヶ谷4-9-7
電話　03-5411-6211（編集）　03-5411-6222（営業）
振替　00120-8-767643
印刷・製本所　図書印刷株式会社

検印廃止

ISBN978-4-344-90332-6 C2095
Printed in Japan
幻冬舎ホームページアドレス　http://www.gentosha.co.jp/
この本に関するご意見・ご感想をメールでお寄せいただく場合は、comment@gentosha.co.jpまで。